# CONSCIENCE ET PRISE DE CONSCIENCE

AF143277

*PSYCHOLOGIE ET SCIENCES HUMAINES*

# François Duyckaerts

# conscience et prise de conscience

DESSART ET MARDAGA, ÉDITEURS
2, GALERIE DES PRINCES, BRUXELLES

*Printed in Belgium*
D/1974/0024/9

# AVANT-PROPOS

De nos jours, ce n'est pas seulement en psychologie mais encore en politique que l'usage s'est établi de souligner la nécessité et l'utilité de *la prise de conscience*. Qu'il s'agisse de défendre les intérêts d'une région en déclin, de renforcer la solidarité d'une classe sociale défavorisée, de délivrer un sexe de l'oppression de l'autre, on insiste sur l'obligation préalable de rendre ceux pour qui on lutte sensibles à leur véritable situation, conscients de leur misère et attentifs à la tromperie des fausses solutions. Quand dans un groupe, la plupart des individus agissent à l'encontre de leur bien réel, on explique le paradoxe de leurs conduites par une absence de prise de conscience. Pour les sortir de leur inertie et leur donner le courage de lutter, on dit qu'il faut faire sur eux un travail préparatoire à la faveur duquel ils prendront conscience de leur condition, des traquenards dont ils sont victimes, et des vraies chemins de leur liberté.

Cette habitude que nous avons maintenant de considérer la prise de conscience comme une exigence primordiale, dans quelque lutte ou pour quelque cause que ce soit, est un des grands signes de notre temps. Elle provient de la psychologie. Celle-ci fut la première, au tournant du siècle, à découvrir l'inconscient dynamique, effet du refoulement, et à compter sur les vertus curatives de la prise de conscience, mainlevée de ce refoulement. Mais quand un concept, propre à une discipline, passe dans le domaine public et que l'expression qui le désigne entre dans le langage courant, c'est là l'indice d'une nouvelle manière de penser et d'agir.

Prendre conscience est en effet autre chose que de se laisser endoctriner. Certes, dans les luttes qui opposent les hommes, la part de l'endoctrinement demeure importante et passe encore aux yeux de beaucoup comme nécessaire pour armer les volontés et soutenir les courages. Pareillement, il reste sur terre une majorité d'êtres qui continuent à attendre leur bonheur et leur équilibre de l'imprégnation de leur esprit par une doctrine. Le nombre s'accroît cependant de ceux qui, sans méconnaître l'importance et la nécessité de doctrines, capables d'orienter et d'animer leur action, connaissent les ruses de l'inconscient individuel et collectif, et savent comment elles peuvent pervertir les meilleures d'entre ces doctrines. Ceux-là rejettent toute rhétorique. Ils ne cherchent plus à persuader. Ils préfèrent encourager les gens à se tourner sur eux-mêmes, à s'analyser et à découvrir par leurs propres moyens les diverses dimensions de leur sort. L'action qui s'ensuivra sera moins exposée aux déviations irrationnelles.

Mais en quoi consiste le phénomène de la prise de conscience? Bien que très utilisé, le concept reste confus et obscur. On devine bien qu'il renvoie à une chose plus complexe que la simple connaissance. Quand des personnes prennent conscience de leur situation particulière, ce n'est pas là le résultat de la simple étude de celle-ci. La nouvelle aperception qu'elles ont de leur destin ne vient pas de l'unique exercice de leur raison, mais d'une chaîne de transformations psychiques qui les ont rendues capables de réfléchir sur une plus grande quantité de données, au-delà d'une certaine angoisse, sans fuir la vue des contradictions et en se refusant de recourir à des fictions. Or, pour connaître et maîtriser le phénomène de la prise de conscience, c'est le nombre et la nature de ces transformations qu'il importe de déterminer.

*
*  *

Psychologue clinicien, il y a déjà de nombreuses années que je cherche à comprendre le processus de la prise de conscience. Mais le projet de rassembler toutes nos connaissances sur ce sujet, je n'ai osé le concevoir et le réaliser que récemment, quand la Faculté des sciences psychologiques et pédagogiques de l'Université libre de Bruxelles m'appela à occuper la chaire Francqui pendant l'année académique 1973-1974. Cet insigne honneur me donna la confiance nécessaire à une entreprise si ambitieuse. J'y consacrai dix leçons, dont l'essentiel se retrouvera dans les dix chapitres de ce livre.

Pour me concilier l'indulgence du lecteur, je l'avertis des limites auxquelles je me suis astreint ou de celles auxquelles j'ai dû me résigner. Psychologue de formation, je me suis interdit d'empiéter sur le domaine voisin de la sociologie. Je n'ai donc analysé que la forme individuelle de la prise de conscience. A d'autres de voir si une transposition est possible du plan individuel au plan collectif. A vrai dire, quand j'achevai mes leçons et que je me retournai sur le travail accompli, j'eus le net sentiment que les étapes repérées sur le tracé de la prise de conscience individuelle se retrouvaient, semblables, sur la ligne d'évolution d'une conscience collective. Mais il faut se méfier des analogies, elles masquent les différences et les complexités nouvelles.

Les auditeurs auxquels je m'adressais dans mes leçons étaient, pour la plupart, des étudiants en psychologie. Je ne pouvais donc pas m'exprimer dans le langage, hautement élaboré et inévitablement sophistiqué, de ceux qui ont subi un entraînement post-universitaire à l'une ou l'autre forme de psychothérapie. C'eût été plus facile, mais combien plus dangereux! Sans le soutien d'une pratique, les notions psychodynamiques, comme celles qui ont été élaborées par la psychanalyse, perdent de leur densité et se prêtent à des déformations subjectives. J'ai toujours estimé, depuis que j'enseigne la psychologie, qu'une bonne théorie de la prise de conscience devrait précéder l'analyse des contenus de l'inconscient. Plus tournée vers des processus que vers des complexes, elle serait de nature à affaiblir chez le novice les manies interprétatives, et à y développer cette libre attention au fonctionnement psychique qui doit être la première de ses futures qualités professionnelles. Ce que je présente dans ce livre relève de ce but et n'a donc pas d'autre ambition que d'être propédeutique.

Le livre suscitera-t-il de l'intérêt chez d'autres personnes que celles qui se préparent ou se livrent déjà à une profession psychologique? Je l'ignore mais j'ose l'espérer. Devant la multiplication des méthodes de psychothérapie, devant l'étendue croissante de la place qu'on leur fait dans la résolution des difficultés de l'existence, chacun s'interroge, même s'il ne ressent guère la nécessité de se faire psychanalyser, chacun se demande quelles sont ces nouvelles manières thérapeutiques et quel crédit on peut leur accorder. Beaucoup cherchent dans des livres une réponse à leur curiosité perplexe. Hélas, ils les referment souvent avec découragement et plus sceptiques que jamais. C'est peut-être le sort réservé à celui-ci, à moins que son caractère propédeutique ne le sauve. Issu d'une recherche sur le fondement même de toute psychothérapie, de quelque tournure qu'elle soit, il se situe en deçà des théories particulières qui justifient telle ou telle pratique. Autant qu'il a été possible, il a évité les arcanes techniques. S'étant limité à l'analyse des transformations psychiques qui s'opèrent dans le processus de toute prise de conscience, il contribuera peut-être à dévoiler, même aux yeux du profane, le sens général de toutes les psychothérapies, sans en avoir décrite aucune.

*
* *

Je dois une grande reconnaissance à mon collègue de l'Université libre de Bruxelles, Francine Robaye-Geelen. C'est avec elle et en bénéficiant de son discernement que je mis au point le sujet de mes leçons Francqui. C'est sous sa bienveillante présidence que la Faculté des sciences psychologiques et pédagogiques de son Université m'accueillit et donna à mon enseignement un écho inespéré. A elle et à ses collègues, ce livre doit d'avoir vu le jour.

Le premier chapitre reprend le contenu d'une intervention que je fis à la 16e Session d'études de l'Association de psychologie scientifique de langue française (Paris, 1973). En me désignant comme rapporteur de la brillante communication d'Yvon Brès sur « la connaissance de soi chez Platon », l'organisateur scientifique de ce colloque, Didier Anzieu, me donna l'occasion de développer les implications d'une théorie sur les deux formes de la présence à soi.

Deux chapitres, celui sur la réalité du désir (VI) et celui sur la réalisation mentale (IX) sont redevables de la partie la plus importante de leur contenu au travail des collaborateurs de mon séminaire de psychothérapie, Régine Pirnay-Dufrasne, Michèle Leprince-Smal, Sonia Malchair-Lelarge, Michèle Schmitz-Verfaille, Jean-Marie Donnay, André Lebas, Louis Lieutenant, Jean-Marie Malchair, Pierre Manil et Jean Mélon.

Mon livre touchant par endroits à des problèmes philosophiques, je suis reconnaissant à Pierre-Philippe Druet, docteur en philosophie et aspirant au Fonds national de la recherche scientifique, pour l'attention qu'il a mise à lire le manuscrit, et pour la pertinence de ses observations, lesquelles me permirent de corriger des erreurs et de réparer des inadvertances.

Marie-Thérèse Grzeszczyk-Steinbrecher assura avec un soin méticuleux, dont je la remercie, le travail de la dactylographie.

# CHAPITRE I

# LES LIMITES DE L'INTROSPECTION

Pour s'ériger en science, il a fallu que la psychologie s'interdise les facilités et les leurres de l'*introspection*. Les efforts qu'elle fit au tournant du siècle pour se définir comme science des conduites ou des comportements signifiaient qu'elle cherchait à se constituer sans la référence traditionnelle à l'expérience privée. Elle agissait à l'instar d'un professeur qui demanderait explicitement à ses élèves de faire abstraction, au moins provisoirement, de leurs idées habituelles, de leurs schèmes de pensée spontanés pour faire une espèce de vide qui leur faciliterait l'assimilation d'un nouveau modèle théorique ou l'attention à des faits que leur système excluait. C'était une exigence qui a dû paraître insensée à l'époque et qui continue sans doute encore à paraître telle aux yeux de beaucoup. Quoi? Pour élaborer une science qui porte sur la vie psychologique, il faudrait renoncer, ne serait-ce que temporairement, à prendre en ligne de compte cette vie psychologique qui nous est, croyons-nous, la mieux connue, à savoir la nôtre? *Oui, c'est une demande paradoxale.* D'une manière ou d'une autre, chaque professeur de psychologie l'adresse à ses élèves. Plus généralement, toute la psychologie scientifique s'élabore et progresse en créant ou en renouvelant un vide psychique qui laisse place à de nouvelles observations, à de nouvelles expérimentations, à de nouveaux modèles théoriques.

S'il est difficile, surtout quand nous faisons de la psychologie, d'opérer le vide, ce n'est pas seulement en raison de l'attachement narcissique à nos pensées et à nos propres explications, ce n'est pas seulement non plus à cause de l'insécurité que nous éprouvons quand nous mettons en cause le système théorique sur lequel nous fondons notre équilibre. C'est aussi pour avoir subi et continuer à subir l'influence d'une civilisation qui fit de l'inscription du temple de Delphes : *connais-toi toi-même*, γνῶθι σαυτόν une de ses maximes fondamentales.

La solennelle invitation à la connaissance de soi que des mains anonymes gravèrent sur le temple d'Apollon, que Socrate prit au sérieux et que Platon légua à notre monde occidental, il vaut la peine, au seuil de ces chapitres qui seront consacrés à la prise de conscience, d'y revenir, non pas assurément pour la reprendre en tant que telle et la répéter, une fois de plus, mais pour en analyser les caractéristiques et comprendre ainsi les vraies et profondes raisons qui amenèrent la psychologie du dix-neuvième et du vingtième siècle, légitimement désireuse de s'ériger en science, à ne plus se fonder sur cette connaissance de soi tant prônée par les moralistes de la tradition socratique et platonicienne.

Dans le *Charmide* de Platon [1], Critias pose la question de savoir si l'inscription était, de la part du dieu de ce temps, un salut énigmatique ou un conseil purement psychologique. Mais conseil ou salut, le « connais-toi toi-même » revêt grammaticalement la forme de ce que nous appelons l'impératif. Or, dans toutes les formules que nous utilisons pour

[1] PLATON, *Charmide*, 164d-165a.

ordonner, conseiller, inviter, encourager se trouve affirmés du même coup un état ou une conduite de nature opposée à l'état ou à la conduite qu'on veut instaurer chez celui à qui nous nous adressons. Quand j'invite quelqu'un à parler, c'est qu'il se tait. Si le dieu invite à se connaître, c'est qu'on ne se connaît pas. Le précepte delphique présuppose un état de méconnaissance de soi. De quelle méconnaissance s'agit-il?

Ce serait tomber, à coup sûr, dans un vice d'interprétation que d'en appeler ici à une vague appréhension de l'inconscient psychique. Mais pour comprendre cette opposition entre connaissance et méconnaissance de soi, implicitement affirmée dans le précepte delphique, nous avons intérêt à distinguer deux orientations empiriquement décelables de la présence à soi-même.

Tout compte fait, les pèlerins qui lisaient l'inscription du γνῶθι σαυτόν sur le fronton du temple d'Apollon ne manquaient pas d'être conscients d'eux-mêmes. L'homme politique qu'on exhortait à la connaissance de soi pouvait parler de ses projets, de ses échecs, des plaisirs et des souffrances que lui procurait le commandement de la cité. D'une manière générale, dans la plupart de nos conduites éveillées, qu'elles soient externes ou internes, motrices ou mentales, nous nous guidons non seulement sur des indices du monde extérieur, mais sur des indices somatiques et psychiques. Même dans leur déroulement, nos conduites exercent sur nous-mêmes, d'une manière rétroactive, des effets que nous percevons et qui nous servent à corriger ou à soutenir l'action en cours. Mais alors quoi? la conscience de soi étant donnée, la présence à soi étant une des composantes de nos comportements, que pouvait signifier l'exhortation à la connaissance de soi? Il me paraît d'abord qu'elle était une exhortation à un nouveau comportement, mental il est vrai, mais où la présence à soi changeait de qualité ou plutôt d'orientation.

Une chose est d'être présent à soi dans le déroulement, dans la construction progressive d'un comportement, autre chose, de prendre ses comportements, avec tous leurs accompagnements subjectifs, comme un objet particulier d'attention. Cela m'amène à distinguer deux formes de présence à soi, l'une qui intervient dans les comportements, quand nous sommes tendus vers un objectif à réaliser et engagés dans la communication avec le monde extérieur, physique et social, et que j'appellerai la présence à *soi-sujet*, l'autre qui consiste à faire de soi-même un objet d'attention et que j'appellerai la présence à *soi-objet* [1].

Cette distinction ne nous ramène pas aux utilisations philosophiques de la réflexivité, elle ne remet pas en honneur l'opposition entre l'introspection et la connaissance objective. Elle part de l'introspection, ou mieux, de la présence à soi comme d'une donnée inhérente à toutes nos conduites éveillées, mais elle veut signaler que cette présence à soi peut se réaliser dans deux conditions différentes : l'une où le sujet utilise, entre autres indices, ce qu'il sent, ressent et imagine en lui-même, pour construire ses actions dans le monde extérieur et avec autrui, l'autre où il prend pour objet particulier de son attention ou de son exploration ses actes, sa conscience, son histoire, son corps et ses phantasmes.

Cette distinction me paraît empiriquement décelable. L'expérience clinique nous met souvent en face de sujets chez lesquels l'introspection joue un rôle considérable, mais en restant prise en quelque sorte dans une polarisation active sur le monde extérieur ou sur ceux avec qui ils sont en conflit. Les apports introspectifs sont parfois tellement riches et nombreux qu'on peut se faire, au départ, des illusions sur les chances thérapeutiques. Mais assez vite, on se rend compte qu'en raison d'un narcissisme résistant, ces sujets ne peu-

---

[1] La distinction entre les deux formes, vectoriellement opposées et peut-être exclusives l'une de l'autre, de présence à soi me vient de deux auteurs américains, SHELLEY DUVAL et ROBERT A. WICKLUND, dans un ouvrage récent : *A Theory of Objective Self Awareness*, N.Y. et Londres, Academic Press, 1972.

vent se dégager de l'introspection liée à l'action, n'arrivent pas à se considérer comme étant un objet particulier du monde, comme un être ayant des perspectives propres et par conséquent définissables par rapport à d'autres perspectives possibles. Ces sujets, dirons-nous, n'ont pas accédé à cette présence à *soi-objet*. On ne peut chercher à devenir plus objectif sur soi-même que si on se perçoit d'abord comme un objet, c'est-à-dire comme quelque chose qui a des contours plus ou moins définis. Cette première condition ne semble pas exister chez les sujets auxquels nous pensons.

Venons-en maintenant à une deuxième caractéristique de notre « connais-toi toi-même ». Cet encouragement, exprimé sous la forme grammaticale de l'impératif, est prêté à un dieu par le fait de son inscription sur le temple de celui-ci. La formule est évidemment d'origine humaine, même s'il y a des doutes sur son auteur réel. Mais elle a été offerte, comme il est dit dans le *Protagoras*, à Apollon, lequel trouve ainsi une parole d'autant plus forte et plus subsistante qu'elle est gravée dans la pierre. Origine humaine et imputation divine, ces deux éléments circonstanciels nous donnent aussi à réfléchir.

Le premier, celui de l'origine humaine, nous renvoie à tous les exemples où quelqu'un invite son semblable à se connaître, depuis les cas les plus simples et les plus agressifs, quand par exemple nous nous défendons d'un moqueur en lui disant de se regarder lui-même, jusqu'à ceux où par notre attention bienveillante, mais neutre, nous invitons ou donnons l'impression d'inviter quelqu'un à s'explorer lui-même. Ces exemples posent, à notre avis, le problème des stimulants externes qui font passer un sujet de la première forme de présence à soi à la seconde ou qui renforcent celle-ci.

A ce propos, les observations cliniques ou expérimentales nous montrent que l'invitation explicite à s'observer n'est pas la seule, ni probablement la meilleure manière de provoquer chez quelqu'un un retournement sur soi. Des recherches récentes, faites pour la plupart par des psychologues sociaux expérimentalistes [1], ont pu prouver que des miroirs, des bandes magnétiques stimulent chez les sujets qui s'y voient ou s'y entendent des jugements d'évaluation, non seulement sur leur aspect physique ou sur leur voix, ce qui va de soi, mais encore sur leur personnalité psychologique, sur leurs aspirations et leurs déceptions.

Pour nous garder d'attribuer trop inconsidérément un privilège thérapeutique à la seconde forme de présence à soi, rappelons-nous qu'à cette formule du «*connais-toi toi-même*», des hommes au nom inconnu ont pensé à attribuer une force transcendante en la gravant dans la pierre d'un temple, comme pour l'imputer au dieu qui est censé y habiter ou s'y manifester. Cette imputation, on la retrouve chez Socrate, quand il explique que c'est un dieu qui lui a assigné la tâche de se scruter lui-même et de scruter les autres. Enfin, faut-il rappeler que dans le christianisme, l'examen de conscience doit se faire sous le regard de Dieu? L'association entre l'observation de soi-même et l'intervention d'une puissance divine est d'une telle fréquence, d'une telle constance dans l'histoire religieuse et morale de l'humanité que nous ne pouvons la négliger dans nos explications psychologiques.

On connaît celle de Freud : c'est à une instance particulière du psychisme, le *sur-moi*, qu'il faudrait attribuer l'observation de soi-même. A l'époque où il introduit en psychanalyse le concept de narcissisme, par conséquent bien avant qu'il ne propose d'utiliser la dénomination de sur-moi, il lie la conscience morale à l'observation de soi et se fonde sur un certain délire paranoïaque, celui de se croire observé, pour s'autoriser à parler d'une instance particulière : *eine beobachtende Instanz* [2]. Plus tard, après l'introduction du terme de sur-moi, il estimera que l'observation de soi est une des fonctions dévolues à la partie du psychisme ainsi baptisée.

---

[1] *Op. cit.*, pp. 15-28.

[2] FREUD S., *Zur Einführung des Narzissmus*, G.W., X, p. 164.

Ce rapport de l'observation de soi au sur-moi, il nous l'expose longuement dans le trente et unième chapitre des *Nouvelles leçons d'introduction à la psychanalyse*. Nous y voyons qu'il part de ce que nous avons appelé la présence à soi-objet : « *Le moi*, écrit-il, *est le sujet dans son sens le plus véritable, comment peut-il tourner à objet? Or, il n'y a pas de doute qu'on le peut. Le moi peut se prendre pour objet, se traiter comme il traite d'autres objets, s'observer, se critiquer, faire encore avec soi-même Dieu sait quoi.* » La suite du texte mérite une attention spéciale : « *On voit là une partie du moi s'opposer à l'autre. Le moi est donc fissile (spaltbar), il se fend dans maintes de ses fonctions, au moins transitoirement. Les éléments séparés peuvent ensuite se réunir de nouveau* [1] » Cette image de la fente, dont Freud semble bien percevoir le caractère métaphorique, puisqu'il la renforce par la comparaison avec les plans de clivage d'un cristal, perd cependant ce caractère dans la suite du texte, et devient en quelque sorte plus littérale, notamment en raison de l'exemple du délire d'observation où le moi qui observe s'est tellement séparé du moi observé qu'il en est devenu un autre ou des autres. Freud nous explique finalement que c'est le caractère séparé, autonome, de ce moi observant, qui l'a amené à lui donner un nom propre, celui de *sur-moi*.

Sans avoir la légèreté de mettre en doute le fait que les oscillations de l'observation de soi-même subissent l'impact des pulsions et des interdictions qui constituent l'économie libidinale d'un sujet, je me demande seulement si la métaphore de la fission s'impose encore quand on distingue, comme je propose de le faire, deux formes ou deux directions de la présence à soi. Il reste évidemment le fait incontestable, souligné par bien des auteurs, que dès le moment où la

---

[1] FREUD S., *Neue Folge der Vorlesungen zur Einführung in die Psychoanalyse*, G.W., XV, pp. 64-65(trad. franç. A. BERMAN, *Nouvelles conférences sur la psychanalyse*, Paris, Gallimard, 1936, pp. 80-81).

présence à soi s'objective, l'autocritique se déclenche presque automatiquement, que ce soit sous la forme de sentiments de culpabilité ou d'infériorité. Pour ma part, la liaison entre l'observation de soi et les jugements critiques sur soi me paraît devoir s'expliquer par la loi même de la connaissance « objective ». Nous savons que la raison est mesure et comparaison. La connaissance de l'univers est devenue scientifique quand elle est devenue quantitative, c'est-à-dire quand on y a introduit la mesure. Ne peut-on pas dire de la même manière que se prendre soi-même pour objet, cela consiste à mesurer ses conduites, ses affects, son histoire à d'autres conduites, à d'autres affects, à une autre histoire, c'est faire attention à soi, non plus pour mieux construire son action sur le monde ou mieux conduire son dialogue avec les autres, mais pour se mesurer à des normes, que celles-ci soient éprouvées comme transcendantes ou immanentes à l'histoire des hommes?

C'est sans doute parce que cette présence à *soi-objet* est nécessairement critique, évaluative ou mesurante, que d'une part, elle s'instaure plus souvent dans les moments où un sujet subit davantage l'influence de ses interdictions internes et que d'autre part, elle a été autant prônée par tous les éducateurs de l'humanité soucieux de donner à celle-ci le sens de la mesure. Mais aussi, c'est pour cette raison que la psychologie ne pouvait devenir scientifique qu'en demandant une suspension de cette présence à *soi-objet*.

Notre détour par l'analyse du « connais-toi toi-même » et par la distinction entre les deux formes de présence à soi (à *soi-sujet* ou à *soi-objet*) trouve sa justification dans la possibilité qu'il nous donne de mieux comprendre pourquoi le rapport entre le modèle théorique et l'exemple contingent est particulièrement délicat en psychologie, et plus particulièrement encore en psychologie clinique. Il suffit en effet qu'on nous parle de problèmes psychologiques pour que nous passions presque instantanément de la première forme de présence à soi à la seconde, de la présence à *soi-sujet* à la présence à *soi-objet*. La simple décision d'écouter quelqu'un qui nous parle de psychologie, de lire un ouvrage qui en traite ou d'étudier un problème qui en relève est sans doute un de ces stimulants qui favorisent la présence à *soi-objet* et l'application de la tendance évaluative ou mesurante de notre raison aux données de notre expérience. Une fois cette présence à *soi-objet* devenue effective, notre mémoire nous apporte à foison des souvenirs de sentiments, d'espoirs et de frustrations, de conditionnements, de pensées et de raisonnements ayant ponctué le trajet de notre passé. Mais ces souvenirs ne reviennent pas innocemment, pour leur plaisir, ils viennent se faire juger à l'aune de la théorie qui nous est présentée. Par une étrange influence en retour, la théorie se trouve ainsi transformée en unité de mesure, en norme, ce qui n'est guère son but, mais ce qui lui arrive souvent en raison de la tendance évaluative à laquelle nous cédons dès lors que nous nous prenons nous-mêmes pour objet d'attention et d'observation.

*
* *

Contre notre tendance à illustrer toute théorie psychologique par des exemples tirés de notre fonds personnel et à prendre mesure sur elle, la psychologie qui s'est voulue scientifique a utilisé une gamme de moyens stratégiques de niveau différent. Elle a travaillé simultanément sur deux plans au moins : le plan *conceptuel* où elle a tenu à se définir de manière à interdire une fois pour toutes, par principe, le recours à l'expérience personnelle; le plan *pragmatique* où sa préférence est allée à des objets de recherche plus éloignés des données immédiates de la conscience que ne l'étaient les problèmes qu'on lui assignait traditionnellement.

C'est à la lumière de la nécessité où la psychologie se trouvait de couper court à l'interférence des exemples personnels qu'on peut comprendre, me semble-t-il, l'acharnement que beaucoup de psychologues du premier quart de ce siècle ont mis à définir leur discipline comme l'*étude du comportement*, et l'acharnement que certains psychologues d'aujourd'hui mettent encore à enlever de la formule qui schématise la connexion comportementale entre la stimulation et la réaction toute allusion aux variables intermédiaires, subjectives ou internes. Je me demande s'il y a jamais eu dans l'histoire des sciences une définition d'objet formel à laquelle on ait consacré autant de discussions et qui ait eu une aussi incontestable valeur opératoire ou simplement pédagogique. Si d'entrée en jeu, on annonce qu'on ne va étudier que des comportements, que des réactions à des situations délimitables, en mettant entre parenthèses les facteurs psychiques, en les considérant comme inconnaissables, on oppose d'emblée une fin de non-recevoir à toute discussion, à toute objection s'appuyant sur une référence personnelle ou sur une donnée de la conscience immédiate.

Une manière plus effective, moins polémique, qu'utilisa la psychologie pour se constituer en discipline scientifique fut de se donner des objets d'étude que la tradition philosophique considérait comme lui étant étrangers ou marginaux et pour lesquels la référence à l'expérience personnelle était manifestement absurde ou d'aucune apparente utilité : les seuils de la perception dans les différentes modalités sensorielles, les réflexes conditionnels chez le chien, les symptômes névrotiques qu'on avait coutume d'attribuer à un état de maladie qui semblait n'avoir rien de commun avec les problèmes de l'expérience normale, les rêves nocturnes qu'on expliquait par des influences viscérales, les comportements de l'enfant, de préférence avant l'apparition de la conscience réflexive, les mœurs animales etc. L'introduction de tous ces phénomènes dans le champ de la psychologie, nous pouvons estimer aujourd'hui non seulement qu'elle a été heureuse et féconde, mais encore qu'elle a contribué à nous décentrer de nous-mêmes, dans une discipline où le risque de se prendre pour critère central était plus grand que partout ailleurs et n'est jamais complètement conjuré.

Il reste cependant le problème de la réalité psychique. Les définitions les plus radicales, les plus *behavioristes* de la psychologie n'ont pas réussi à le supprimer. Même sans tomber dans le mentalisme, il reste que la conscience de soi existe, que des dispositions psychiques peuvent influencer un comportement bien avant qu'elles ne soient devenues conscientes, parfois même sans jamais devenir conscientes, que nos représentations et nos affects s'organisent en un système ayant ses lois, ayant une genèse et exerçant des effets, que des prises de conscience s'effectuent qui améliorent la qualité de nos vies et de nos relations. On peut accepter qu'à son origine, à sa prime naissance chez un individu, une disposition psychique soit invérifiable, inobservable, invisible et ne puisse donc intervenir dans aucune formule, dans aucune équation. Mais on doit aussi admettre que cette disposition psychique puisse sortir progressivement de son invisibilité par une série de transformations qui la rendent observable, vérifiable, non seulement au sujet lui-même, mais à l'observateur extérieur. Ces transformations, je ne vois aucune raison de principe qui puisse nous empêcher de les étudier scientifiquement, à condition de ne pas se contenter de les expliquer en ne se référant qu'aux données immédiates de la conscience, données dont il ne faudra jamais oublier, à aucun moment de la recherche, qu'elles sont des points d'aboutissement de ces transformations elles-mêmes.

La définition de la psychologie comme science du comportement est acquise. Aucun psychologue scientifique ne pense à la remettre en question ou à en revenir. En tout cas, pour ma part, je considère qu'il faut la maintenir, la défendre, notamment contre une certaine nostalgie de l'âme ou de la pure intériorité. Elle garde aujourd'hui encore sa vertu opératoire, dans la mesure où elle nous fait accéder au principe de réalité en un domaine où l'intérêt personnel est fort et risque toujours d'apporter des distorsions subjectives. Mais ceci dit, on peut avancer d'un pas et se demander ce qui différencie la psychologie d'un certain nombre d'autres sciences également comportementales, comme l'éthologie, la sociologie, l'économie politique. La notion de science comportementale, laquelle a heureusement remplacé la notion confuse de science humaine, englobe un grand nombre de disciplines parmi lesquelles la psychologie occupe une place limitée. Or, pour délimiter celle-ci, pour la définir, force nous est de reprendre en considération les facteurs subjectifs du comportement, étant entendu que les aspects écologiques, éthologiques, sociaux et économiques de celui-ci sont étudiés par d'autres sciences comportementales ou par des parties de la psychologie. Pour donner à celle-ci sa spécificité, il n'est d'autre moyen, à mon avis, que de revenir à son sens étymologique, science de la *psyché*, et de considérer que parmi les sciences comportementales, elle est celle qui étudie le comportement du point de vue, d'ailleurs limité et partiel, de l'action en lui des facteurs subjectifs, notamment de ce qu'on peut appeler la réalité intérieure. Je voudrais préciser dans la suite de mes chapitres comment on peut entendre cette réalité intérieure sans tomber dans les illusions du mentalisme et sans revenir à une conception métaphysique et théologique de l'âme. Pour le moment, qu'il me suffise d'indiquer qu'il existe des dispositions psychiques — amour, haine, envie, pour n'en citer que les plus importantes — qui peuvent aussi bien déterminer des chaînes comportementales extérieures qu'organiser des représentations et des affects, sans qu'elles soient l'objet d'aucune prise de conscience, faute d'avoir subi un certain nombre de transformations par lesquelles elles doivent passer pour que le sujet qui *les vit* en arrive aussi à *se les attribuer*.

Certes, accorder à la réalité intérieure et à ses transformations la place centrale en psychologie serait excessif. La subjectivité ou le psychisme ne se définit pas exclusivement par le dynamisme de cette réalité intérieure que je viens de définir en première approximation. Il faut y faire la part, dans cette subjectivité, des conditionnements singuliers, des structurations cognitives résultant du jeu réciproque des assimilations et des accommodations, au sens que Piaget a donné à ces termes. Seulement, peut-on accepter que la reconnaissance des phénomènes de conditionnement et d'adaptation serve à la méconnaissance de la réalité des dispositions psychiques et de leurs transformations dans un système ayant pourtant sa logique ou ses nécessités propres? Le moment est venu en psychologie d'abandonner tout dogmatisme, qu'il soit behavioriste ou psychanalytique, et d'accepter la variété des facteurs subjectifs du comportement, leur relative autonomie, la nécessité de les étudier tous, sans aucune exclusive partisane.

Aujourd'hui, je ne l'ignore pas, les étudiants en psychologie reçoivent des cours leur exposant les théories de Freud, Jung, Adler, Rogers et d'autres au renom moins consacré. Mais l'enseignement des notions psychodynamiques peut être une source de déception. Souvent il se limite à ce qui s'appelle dans les autres disciplines l'introduction historique ou l'état de la question. La présentation des théories l'absorbe tout entier et ressemble, au surplus, à la présentation des doctrines et des systèmes dans un manuel de philosophie. C'est regrettable, d'abord parce qu'on contribue ainsi à détacher les théories psychodynamiques de la pratique qui les fonde, à les détourner de leur signification opératoire, ensuite et surtout parce que en les transformant ainsi en doctrines, on suscite chez l'étudiant la tentation de s'en servir à des fins de rationalisation ou d'intellectualisation.

\* \*
\*

La psychologie est-elle capable de promouvoir l'étude objective de la réalité intérieure? Elle doit en tout cas se donner certaines conditions d'exercice.

L'une des premières concerne l'exposé même des théories psychodynamiques. Nous avons vu qu'en psychologie et surtout dans sa partie clinique, le rapport entre la théorie et l'exemple est particulièrement délicat, en raison de la prévalence spontanée des exemples personnels. Aussi ne faudrait-il pas que pour des raisons pédagogiques, l'exposé des théories psychodynamiques fasse un appel trop fréquent, trop allègre, à l'expérience personnelle. La théorie psychodynamique risquerait d'y perdre sa pertinence et de s'en réduire à un ensemble de propositions banales, sans grande valeur explicative. Mais ce qui est beaucoup plus grave, on peut s'en trouver renforcé dans son inclination spontanée à juger de toute théorie psychologique à l'aune de son expérience la plus consciente et la plus superficielle.

Une seconde condition est d'assortir l'enseignement théorique d'exercices pratiques nombreux, à l'occasion desquels les participants peuvent percevoir, grâce au choc des interprétations, la part de subjectivité que nous mêlons à l'observation d'un cas ou à l'analyse d'un entretien. Je crois que dans toutes nos universités, on est conscient de cette nécessité particulière de la formation et qu'on déplore l'insuffisance des moyens pour y répondre. Aussi qu'on me permette de ne pas m'y attarder et d'en venir à une troisième condition, plus rarement énoncée et réalisée pour des raisons qui me paraissent indépendantes des personnes et qui tiennent vraisemblablement à l'histoire même de la psychologie clinique.

Les théories psychodynamiques sont nées de l'application de certaines techniques, — d'abord l'hypnose, puis l'association libre des pensées et des affects — qui eurent pour effet de démontrer l'existence et l'action de l'inconscient. Elles nous habituèrent à faire une dichotomie entre l'inconscient et le conscient, mais en nous faisant partir du conscient pour en montrer les lacunes, les discontinuités révélatrices de l'inconscient. Elles nous accoutumèrent à l'idée que l'analyse psychologique devait nécessairement consister en une chasse, en une poursuite de l'inconscient, où les ruses de l'analyste devaient essayer de déjouer les ruses du refoulement. La comparaison ne recouvre certainement plus la technique telle qu'elle s'exerce aujourd'hui, mais elle rend compte de la conception générale qu'on continue à se faire du rapport entre l'inconscient et le conscient, celui-ci étant considéré comme révélant celui-là en ses points de rupture, celui-là apparaissant finalement comme une réalité mystérieuse, à jamais inaccessible dans sa profondeur. En se concentrant sur l'inconscient, on le transforme en un objet à la fois absent et présent, ce qui est un composé d'attributs par lequel les religions traditionnelles définissent la divinité. A partir d'une première mystification, toute théorie risque de se muer en doctrine transcendante. Ce serait faire preuve de mauvaise foi que de ne pas reconnaître que les premières découvertes psychanalytiques commencèrent par s'exprimer dans un discours où subsistaient des restes de langage théologique. En tout cas, par le fait que les premières théories psychodynamiques, surtout dans leurs versions vulgarisées, encouragaient le regard à se concentrer, à travers les mailles du conscient, sur un inconscient, par définition absent et inconnu, elles favorisaient le développement de conceptions mythiques ou mentalistes, facilement transmissibles sans le recours à une expérimentation ou à une pratique. Chez les psychologues, elles ne pouvaient que favoriser une pratique tenant plus de la recherche d'un dieu ou d'un diable caché que d'une véritable attention au fonctionnement psychique.

Pour se dégager du discours ou de la conception théologique, je crois voir un moyen qui peut paraître modeste ou dérisoire : c'est de renverser la direction du regard, de partir des dispositions psychiques inconscientes et imperceptibles et de les suivre dans les différentes transformations qui les rendront perceptibles au sujet qui en est le lieu, et éventuellement aux sujets qui en sont l'objet. Sans nier l'existence de l'inconscient, du moins sous la forme de dispositions sans cesse renaissantes et changeantes, nous pouvons nous concentrer sur leur aboutissement final, sur la connaissance de leur existence et de leurs coordonnées, bref sur les transformations qu'elles doivent subir pour passer d'une existence informelle, presque exclusivement physiologique, à une existence formulée et définie.

La prise de conscience constitue à elle seule un processus d'une extrême complexité. N'y aurait-il pas intérêt à en faire la théorie, comme on a pu élaborer celle du conditionnement ou du développement intellectuel? Si jusqu'à ce jour, les essais ont été rares et n'ont guère dépassé le niveau de réponses partielles, au hasard d'autres tentatives, ne serait-ce pas en raison de l'influence déterminante de la psychanalyse, fixée quant à elle, au moins dans ses débuts, sur le processus inverse du refoulement? Même quand elle aborde un problème qui concerne le passage de l'inconscient au conscient, comme dans l'admirable étude de Freud — *Das Unbewusste* [1] —, la psychanalyse classique le fait avec des concepts et des modèles issus de l'étude des mécanismes par lesquels le sujet transforme du conscient en inconscient ou utilise le conscient pour maintenir quelque chose dans l'inconscient. Elle a contribué ainsi à créer quelques linéaments d'une théorie de la prise de conscience qu'il suffirait de rendre plus explicite et de développer jusqu'à ces dernières conséquences pour constater qu'elle n'est qu'une théorie du refoulement retournée ou vue à l'envers. N'est-il

---

[1] FREUD S., *Das Unbewusste*, G.W., X, pp. 264-303 (trad. franç. par LAPLANCHE et PONTALIS, dans *Métapsychologie*, Paris, Gallimard, 1968, pp. 65-123).

pas possible d'élaborer une théorie autonome de la prise de conscience, où on ne se bornerait pas à présenter celle-ci comme le contraire du refoulement, mais où on la décrirait comme un processus ayant sa dynamique propre, ses phases critiques, certaines plus particulièrement exposées au travail du refoulement.

*
*  *

Construire une théorie de la prise de conscience, ce n'est donc pas substituer un nouveau modèle à la théorie classique du refoulement, ce n'est pas proposer l'alternative entre deux théories globales et unitaires. C'est plutôt faire une œuvre de psychologie qui soit antérieure à l'étude pratique du refoulement et de ses conséquences psycho-pathologiques. C'est faire un travail propédeutique, préalable à toute spécialisation, qui puisse servir de fondement à ceux qui s'orienteront vers la psychothérapie et la psychanalyse comme à ceux qui auront à conseiller et à guider.

A une théorie de la prise de conscience, je vois de nombreux avantages, particulièrement pour l'enseignement de la psychologie clinique. Certes, elle ne parerait pas à tous les risques que nous avons signalés plus haut. Elle serait encore une théorie et se prêterait par conséquent aux usages défensifs de toute théorie. J'ai pourtant l'idée qu'elle s'y prêterait moins que les modèles psychodynamiques traditionnels, dans la mesure où elle porterait moins sur les contenus de la conscience ou de l'inconscient que sur le processus même du passage, pour n'importe quel contenu, d'une forme d'existence cachée à une forme d'existence manifeste. La rationalisation ne s'opère pas aussi facilement sur un processus que sur un contenu.

Une théorie de la prise de conscience aurait un deuxième mérite qui n'est pas sans rapport avec le premier : elle favoriserait probablement cette qualité d'attention qui sera demandée au psychologue, quand il sera dans le travail de sa profession. Un enseignement trop tôt centré sur les contenus révélés par tel ou tel traitement psychothérapeutique ne peut avoir comme effet, nous l'avons déjà dit, que de donner à l'attention de l'étudiant une direction prématurée : dès lors qu'il se trouvera devant quelqu'un ou même simplement devant un relevé anamnestique ou devant le rapport d'un entretien, il sera à l'affût des signes qui lui donneront confirmation de tel ou tel contenu psychique, il cherchera à trouver ce que d'autres disent avoir trouvé, mais sans y mettre la patience que ceux-ci auront mis à le trouver. Ce sera une manière de distraction plus grave que les petites inattentions accidentelles. L'impatience à trouver quelque chose peut faire passer à côté des choses les plus simples et les plus manifestes. En revanche, une théorie de la prise de conscience enseignera la patience, ne serait-ce qu'en donnant toute la mesure du chemin qui sépare une disposition psychique *vécue* d'une disposition psychique *connue*. Ne s'attachant par préférence à aucun contenu particulier de la conscience ou de l'inconscient, faisant porter le problème sur les transformations formelles que tout contenu psychique doit traverser pour devenir manifeste et conscient, elle aidera l'attention à rester disponible, ouverte, interrogative, moins portée à découvrir un contenu déterminé d'avance qu'à découvrir avec le sujet lui-même les contenus qui continuent à échapper à celui qui consulte comme à celui qui est consulté.

Enfin par un avantage qui ne serait pas des moindres, une théorie de la prise de conscience permettrait une analyse de la réalité intérieure évitant les illusions et les leurres de l'*introspection*. En nous sensibilisant à la complexité des transformations psychiques qui interviennent entre la naissance d'une disposition psychique et la connaissance de ses coordonnées spatio-temporelles, elle nous mettrait en garde contre la tendance à nous fonder sur les données de notre introspection comme si elles étaient premières; elle nous habituerait à considérer celles-ci comme un produit final d'évolution, comme les éléments d'une configuration sélective, partielle et partiale. Elle n'aurait besoin de s'entourer d'aucune des mises en garde traditionnelles contre l'introspection. Par son développement même, elle réussirait tout ensemble à dévaloriser l'introspection comme méthode scientifique et à lui laisser sa valeur, au moins relative, dans le processus concret des transformations par lesquelles un sujet arrive à la connaissance et à la maîtrise de ses dispositions psychiques.

Mais une théorie de la prise de conscience est-elle possible? C'est la question que chacun se pose. Nous avons tous connus dans notre vie des moments privilégiés où le sens d'un comportement habituel nous apparaissait dans une lumière subite et libératrice. C'était comme une intuition soudaine, comme un éclair d'évidence dont la courte durée semble sans commune mesure avec les effets prolongés qu'il a pu avoir sur l'amélioration de notre vie et de nos relations à autrui. Ces moments de vérité sont si inattendus et si fugaces qu'on peut douter de la possibilité d'en connaître les raisons et la loi.

Dans les chapitres qui vont suivre, je n'aurai pas l'ambition d'élaborer une théorie achevée de la prise de conscience, d'abord parce qu'en science, aucune théorie n'est jamais achevée, ensuite parce que sur ce parcours qui va de la naissance d'une disposition psychologique à sa prise en charge consciente, il est bien des passages critiques que nous ne connaissons guère encore et dont il importerait de découvrir notamment les conditions neurophysiologiques et les contingences externes favorables. Mais connaître le parcours dans son tracé d'ensemble ainsi qu'un certain nombre d'impasses est déjà précieux et me paraît possible à l'heure présente, sans trop de difficultés et sans verser dans la spéculation. D'autre part, c'est déjà commencer une théorie de la prise de conscience que d'enlever un certain nombre des obstacles épistémologiques qui peuvent s'opposer au principe même de son élaboration. C'est précisément à supprimer l'un de ces obstacles, à savoir *la confusion entre la conscience de soi et la prise de conscience*, que je me propose de consacrer les trois prochains chapitres.

# CHAPITRE II

# PRISE DE CONSCIENCE
# ET PROCESSUS MENTAUX

Une des premières conditions qui s'imposent, si on veut élaborer une théorie de la connaissance de soi et des autres, est ce qu'on pourrait appeler, si on me passe ce néologisme, une transformation « problémique ». Nous savons que des problèmes mal posés sont des problèmes sans solution et que le progrès de la science dépend souvent de coups d'audace qui consistent à remplacer un problème mal posé par un problème bien posé. Dans le domaine de la psychologie et particulièrement dans celui de ce qu'on nomme la prise de conscience, nous sommes accoutumés à considérer que les difficultés qu'on y rencontre sont du ressort de la seule connaissance : pour expliquer l'ignorance où on peut être d'un émoi, d'une disposition, d'une attitude, d'un désir, chez soi ou chez autrui, on parlera par exemple de scotomisation, comme s'il y avait une sorte de champ récepteur de l'attention et que dans ce champ, il y eût une espèce de scotome ou de point aveugle; on invoquera le mécanisme du refoulement, mais en le considérant moins comme un comportement visant à empêcher l'évocation imaginaire d'un certain type de situation que comme une espèce de voile tendu sur un souvenir, une pensée ou une connaissance qu'on posséderait par-devers soi-même. Le terme de « découverte » entretient l'illusion : il suffirait de retirer un écran, une couverture pour apercevoir les choses dans leur vérité, dans leur nudité. Posé en ces termes, le problème de la prise de conscience se ramènerait à celui des moyens qu'il serait possible de trouver pour enlever ou rendre transparents les écrans qui sont censés s'interposer entre les réalités psychologiques du sujet et son propre regard sur lui-même. Les plaques opaques étant retirées ou dissoutes, le sujet deviendrait translucide à soi-même.

Pour mieux poser le problème, partons d'un exemple simple. Une mère amène son enfant de quelques mois chez son pédiatre. Elle se plaint des pleurs de son enfant, de la difficulté à le faire manger. Après examen somatique, après information sur le régime alimentaire, le pédiatre apprend de la mère qu'elle n'hésite pas à réveiller son enfant pour le faire manger à l'heure prévue par le programme alimentaire qu'elle s'est fixé pour lui. Ayant de bonnes raisons pour attribuer à la rigidité de ce programme les troubles de l'enfant, il entretient la mère de la méthode qui consiste à nourrir l'enfant à la demande. Elle est réticente, elle est sceptique. Le médecin suggère qu'il n'est peut-être pas bon d'interrompre systématiquement le bon sommeil de l'enfant rien que pour respecter un horaire qui lui non plus n'est peut-être pas adapté au rythme de cet enfant. La mère rétorque qu'elle ne voit aucun mal à des réveils de ce genre. Le pédiatre ne se décontenance pas et rétorque simplement : « *Que diriez-vous, si on vous réveillait pour vous faire manger, alors que vous seriez bien endormie et que vous n'auriez pas faim?* » « *Evidemment, je n'aimerais pas cela et je me fâcherais.* » Et le pédiatre, victorieux, de conclure : « *C'est la même chose pour l'enfant!* ».

Le pédiatre que nous venons de mettre en scène a peut-être

été trop rapide, dans son for intérieur, à chanter victoire. Mais peut-être aussi a-t-il touché juste. A la suite de cet entretien, il est possible que la mère se soit rendu compte qu'elle était trop rigide et ait assoupli son horaire. Peut-être même, cet assouplissement a-t-il eu pour effet de faire disparaître progressivement les troubles pour lesquels elle avait cru nécessaire de consulter le pédiatre. Dans ce cas, nous pouvons dire qu'il y a eu chez cette mère et grâce à l'intervention du pédiatre une prise de conscience, suivie d'une modification comportementale, laquelle à son tour fut bénéfique à l'enfant.

Je n'ai pas la naïveté de penser que toutes les prises de conscience soient aussi faciles, aussi simples et suivies de résultats aussi spectaculaires que dans l'exemple schématique je viens de donner. Mais pour la construction d'un modèle théorique, il est bon de partir d'exemples rudimentaires, qui font alors office de prototype. D'ailleurs, si nous nous mettons à analyser les processus qui interviennent dans une aussi simple prise de conscience, nous ne tardons pas à constater qu'elle est bien plus complexe qu'il n'y paraît à première vue.

Dans un premier temps, l'attention de la mère est braquée sur l'enfant et les problèmes que les conduites de celui-ci lui posent. La consultation chez le pédiatre, la demande d'une médication, les renseignements qu'elle fournit et la discussion au sujet des solutions, ce sont là les phases d'un processus qui se déroule dans une structure intentionnelle orientée vers l'enfant. Cette direction extraversive de l'attention n'exclut pas que la femme parle d'elle-même, de ce qu'elle a tenté, de ses découragements ou de ses énervements, de sa confiance dans la valeur du traitement qu'elle s'attend à voir prescrire par le médecin. En effet, dans toute conduite éveillée, l'individu se dirige ou conduit son dialogue en se référant à des éléments d'expérience personnelle, en allant puiser dans la réserve de ses souvenirs et de ses perceptions actuelles. Notre cliente peut parler beaucoup d'elle-même, mais ce sera surtout pour appuyer sa demande d'un traitement extérieur à elle, indépendant pour son efficacité d'un changement d'attitude de sa part. Les éléments d'expérience personnelle se trouvent amenés et déterminés par ce qu'on pourrait appeler une *intentio* objectiviste, c'est-à-dire une structure dynamique ouverte sur la santé et le bien-être du nourrisson. Ce qui est en question, c'est l'univers ou le fonctionnement autonome de l'enfant, sa nourriture, son horaire alimentaire, ses fonctions digestives, ses humeurs, son caractère : ne peut-on pas introduire dans ce fonctionnement des variations objectives qui l'améliorent? Le système qui est considéré comme modifiable et qui fait par conséquent que le sujet — la mère dans notre exemple — est ouvert à des possibles, c'est l'enfant en lui-même, comme ensemble autonome de fonctions internes, relatives les unes aux autres, ayant une cohérence que nous dirons intrasystémique. La mère ne met pas en question son propre système comportemental, sinon très accessoirement, pour autant par exemple que l'éventuelle prescription d'une potion destinée à améliorer certaines fonctions digestives l'obligera dans les jours qui viennent à penser à cette potion et à la fournir selon la posologie indiquée. La légère ou superficielle modification dans le système comportemental de la mère sera déterminée par l'image, plus ou moins juste, d'un système que peut améliorer un changement matériel, que celui-ci soit apporté par une machine automatique ou par une personne en chair et en os.

Mais ensuite, quand le pédiatre demande à la mère si elle croit qu'il est inoffensif de réveiller un enfant bien endormi rien que pour respecter un horaire fixé d'avance, il amorce un processus de renversement de l'attention, laquelle va devenir introversive. A vrai dire, on pourrait supposer que la remarque du médecin ait pour seul effet de changer l'image que la mère avait du système que forme l'organisme de l'enfant, en attirant son attention sur le fait que dans ce système n'interviennent pas seulement des processus organiques, mais encore des processus psychologiques ou émotionnels. Le médecin aurait simplement contribué à fournir une image plus complète des relations intrasystémiques par lesquelles on peut définir cet enfant, la mère adaptant alors son comportement à cette image plus complète, plus exhaustive. Si nous pouvions nous borner à une explication de ce genre, nous devrions reconnaître que le dialogue entre le médecin et la cliente n'a amené aucune prise de conscience chez celle-ci, mais simplement un élargissement ou un accroissement de sa connaissance, comme chez le chercheur qui lit un article scientifique traitant de l'influence que peuvent avoir sur certaines fonctions viscérales la répétition de *stress* émotionnels.

Pour rejeter cette explication ou prouver qu'elle est trop courte, trop rapide, qu'elle omet une série de processus intermédiaires, je dirai d'abord qu'elle pèche par le vice que nous avons dénoncé plus haut : elle se formule en termes de simple connaissance, elle donne à celle-ci un pouvoir abusif. Mais cette réponse ne suffit pas. Elle n'est que spéculative. Ce qui me paraît plus grave, c'est que l'explication proposée ne rend pas compte du fait, souvent observé en clinique psychologique, qu'une connaissance ainsi accrue ne porte aucun effet comportemental comme si elle restait abstraite, superficielle, à la manière de beaucoup de connaissances livresques. Une image plus complète des relations intrasystémiques qui ont lieu chez un individu est chose tellement fragile qu'on comprend qu'elle ait peu d'effet sur le comportement de celui à qui on la suggère. En tout cas, elle risque de se dissiper au moindre souffle, c'est-à-dire à la moindre rationalisation contraire, si elle n'est pas sous-tendue et maintenue en vie par des processus plus complexes que la simple réception d'un message ou d'une information. Tout clinicien connaît de ces psychotiques qui sont capables d'expliquer les rapports complexes qu'il peut y avoir à l'intérieur d'un individu entre les émotions et les conduites, mais sans être capables de ressentir ce que ressent une autre personne de leur entourage ou de ressentir quelque chose à l'endroit des autres. Des incapacités de ce genre nous obligent à rechercher des processus de la prise de conscience, notamment ceux qui font qu'une image plus complète des relations intrasystémiques puisse naître, se stabiliser et acquérir une vertu efficace.

Lorsque le médecin évoque l'inconvénient ou l'inopportunité de réveils intempestifs, il amorce chez sa cliente, comme nous le disions plus haut, un processus de renversement de l'attention, laquelle devient, pour employer un terme approximatif et devenu courant en psychologie, introversive. Car l'inconvénient dont il suggère l'idée est évidemment un malaise. Or remarquons — je me permettrai de souvent revenir sur ce point — qu'il est impossible de voir un malaise, de l'entendre, de le humer ou de l'appréhender par quelque autre organe des sens. Nous pouvons percevoir les signes d'un malaise, mais le malaise lui-même, nous ne le connaissons que par expérience personnelle. Les philosophes ont beaucoup disserté sur ce problème. Je ne voudrais pas me perdre dans leurs discussions. Je reste sur le plan comportemental et me contente d'avancer que l'évocation d'une souffrance, d'un malaise a souvent pour effet de ramener le sujet à soi-même, c'est-à-dire au souvenir d'un certain nombre d'expériences personnelles désagréables, du moins si la personne est arrivée à un certain niveau de maturité.

Cette dernière réserve est importante. En effet, il peut se faire que l'évocation d'un malaise fasse penser l'individu à la souffrance d'un chien, à l'anxiété d'un proche ou de toute autre personne, sans référence à soi-même. Il reste que le sujet qui s'attache à ces références imaginaires et externes sait interpréter les signes et reconnaître parmi tous, ceux qui sont signes d'un malaise, alors que le malaise lui-même n'est pas objet de perception externe. On en revient toujours à la nécessité de supposer que le malaise a été ressenti par le sujet, même s'il ne l'a jamais pensé ni formulé qu'à partir de ses signes externes. Nous nous acheminons vers une distinction capitale, que je ne pourrai exprimer qu'au prix d'un anglicisme : il y a une différence entre ressentir un malaise et « réaliser », voilà l'anglicisme, qu'on ressent un malaise.

*  *
*

Nous sommes déjà au cœur de notre sujet. Comment peut-il se faire que la connaissance d'un malaise chez un autre ne s'accompagne, le cas échéant, d'aucun retour sur soi, d'aucune référence à son expérience personnelle ? Les éthologistes ont une réponse, au moins de principe, à cette question : ce sont certaines configurations stimulatoires qui suscitent chez une mère des comportements de protection, comme d'autres stimuli activent l'ensemble des conduites de la couvade. Dans ce modèle explicatif, il n'est pas besoin de postuler, entre la perception des signaux d'angoisse et le comportement qui consiste à venir en aide, une hypothétique conscience de soi ou une hypothétique résurgence de souvenirs d'angoisse. Pour revenir à notre exemple, la parole du pédiatre aurait changé le comportement ou les dispositions comportementales de la cliente, rien qu'en ravivant aux yeux de celle-ci les signaux d'angoisse qu'elle se rappelle maintenant avoir été émis par l'enfant, mais auxquels elle n'avait guère prêté d'attention sur le moment, peut-être à cause d'un état de distraction créé par la quantité de soucis qui peuvent assaillir une femme et qui ne concernent pas au premier chef l'enfant lui-même. Voilà un type d'explication qu'il n'est pas permis de prendre à la légère, surtout quand on connaît le sérieux des observations éthologiques, et qui aurait, s'il s'avérait applicable à l'homme, une conséquence importante pour la définition du rôle de quiconque s'occupe de clinique psychologique : la tâche d'un conseiller ou d'un psychothérapeute serait, dans ce cas, d'enlever, chez son consultant, tous les obstacles qui le distraient de la perception des signaux émis par les congénères, le rafraîchissement de cette perception ayant pour effet l'apparition de comportements qui seraient plus naturels parce qu'ils seraient plus adaptés à ces signaux. Il n'y aurait plus à recourir à une quelconque prise de conscience. Il s'agirait seulement de faire retrouver à un individu, en l'obligeant à un retrait par rapport aux distractions, au divertissement lié à la civilisation, le jeu naturel, en quelque sorte instinctif, qui peut se dérouler entre telles configurations stimulatoires et telles réponses comportementales.

Pour séduisante qu'elle soit, cette perspective rousseauiste me paraît, sinon dangereuse, du moins illusoire. En vérité, il est toujours périlleux d'asseoir une action sur une illusion ou sur une négation d'un aspect de la réalité. Le malheur, si on peut dire, c'est que la civilisation existe, au moins pour l'espèce humaine. Dans l'exemple qui nous guide, le fait est là : la cliente de notre pédiatre a été insensible à certains signaux d'angoisse, et il y a de fortes chances pour que la remarque du médecin ne soit pas suffisante pour empêcher cette mère, à l'avenir, de se laisser encore distraire de la perception de son enfant par l'effet d'autres soucis. On peut d'ailleurs se demander si une attention maternelle qui resterait trop longtemps conforme à cette vigilance de la poule pour ses poussins serait bénéfique à la maturation d'un enfant, lequel devra bon gré mal gré être élevé de manière à pouvoir un jour participer à la civilisation, que ce soit pour s'y adapter ou pour la régénérer. Enfin, pour revenir au thème principal de ce chapitre, il me semble que l'idée de fonder notre action psychologique sur un modèle théorique exclusivement ou strictement éthologique participe de la tendance que je veux dénoncer et qui consiste à ne poser le problème de la prise de conscience qu'en termes de perception et d'obstacles à la perception.

Laissons de côté les animaux pour nous attacher aux problèmes spécifiquement humains. S'il est vrai, ce qui reste toutefois encore à prouver, qu'il existe même chez l'être humain, à un niveau d'organisation très archaïque, des liaisons entre la perception de certains signaux et le déclenchement de certaines conduites, il est vraisemblable aussi que le développement néo-cortical, avec ses effets sur l'apparition de la fonction symbolique, sur l'évolution de la mémoire et sur des formes nouvelles d'inhibition, a pour résultat chez lui d'assouplir ces liaisons, de les contrecarrer et d'y superposer d'autres, issues de nouvelles conditions internes et externes.

Dans notre exemple de base, la recommandation du médecin intervient au cours d'un dialogue, c'est-à-dire dans un échange de mots qui évoquent des pensées, des images, des souvenirs. *On n'assiste pas à un malaise. On est en train d'en parler et de l'imaginer.* Or, c'est précisément ce côté imaginaire qui donne à la pensée sa liberté. L'évocation d'un malaise éventuel chez l'enfant réveillé intempestivement peut orienter le processus de la pensée de la mère dans deux directions opposées : soit vers l'enfant, soit dans un sens inverse vers la mère elle-même. Si à la suite de cette allusion à un malaise possible, la mère essaye de se rappeler les réactions que l'enfant a eues dans des situations de ce genre ou qu'elle se mette à parler du degré d'anxiété général de cet enfant, en ce moment de sa vie, par comparaison avec d'autres moments ou par rapport à d'autres enfants qu'elle a eus ou qu'elle a connus, la direction de ses processus mentaux reste extraversive, comme elle l'était au départ quand elle sollicitait une médication somatique. Si par contre, elle se met à se rappeler certaines anxiétés personnelles, à tel ou tel moment de son histoire, ou simplement à rechercher si elle a jamais éprouvé des malaises semblables, à la suite d'une brusque interruption de son sommeil ou d'une activité en laquelle elle était profondément engagée, le processus de sa pensée change de direction et devient introversif.

Il serait important de connaître les facteurs qui font que le processus s'oriente plutôt dans l'une que dans l'autre de ces deux directions. Bien qu'ils nous échappent pour la plupart, nous ne sommes pas à leur sujet dans une complète ignorance. L'observation clinique a montré que le retournement des processus mentaux sur soi-même rencontre des obstacles, parfois très importants, quand il est de nature à ramener des éléments d'expérience insupportables. Ainsi, nous pouvons imaginer que, même quand le médecin en appela directement à la cliente, en lui demandant brusquement comment elle réagirait si on la réveillait, elle, en vue d'un repas pour lequel elle ne ressentirait aucune faim, il aurait pu se faire qu'elle n'obéît pas au mouvement réflexif qui lui était ainsi suggéré. Soit parce que chez elle comme chez certains psychotiques, *tout* retournement sur soi aurait été dangereux et impossible, quel que soit le facteur incitant, soit parce que le retournement était sollicité pour le rappel ou l'évocation imaginaire de ce malaise précis, particulièrement insupportable. La direction extraversive des processus mentaux aurait été farouchement maintenue, comme dans ces conversations où celui qu'on veut faire changer de sujet y revient toujours, sans remarquer les efforts qu'on fait, ni les motifs de décence ou de politesse qui demandent ce changement. Elle serait revenue à parler de l'enfant, des enfants en général, des théories sur les enfants, elle aurait sans doute fini par donner sa théorie sur les théories actuelles de l'éducation des enfants.

Cette escalade qui aurait pu se produire chez l'interlocutrice du pédiatre, en la conduisant de son enfant à tous les enfants, de tous les enfants aux rapports des adultes avec les enfants, de la pédagogie actuelle à une critique de la société, cette escalade porte un nom que nous connaissons bien : la rationalisation. Il s'agit moins, comme on le croit souvent, d'une manière de justification de soi que d'un effort ou d'un processus visant à empêcher le retournement sur soi par l'accumulation des objets de pensée, ou plus exactement, par une espèce d'agrandissement hallucinatoire de l'objet, qui devient ainsi plus envahissant, plus piégeant, plus désubjectivant. Tout psychologue clinicien expérimenté sait qu'il ne doit pas se laisser entraîner dans ce processus, lequel transformerait le dialogue thérapeutique en une discussion d'idées, non seulement stérile mais favorable à une prise de distance de plus en plus grande du client par rapport à ses problèmes personnels. Ce qu'on remarque moins, me semble-t-il, c'est que cette insistance sur l'objet, cette manière de l'agrandir jusqu'aux dimensions d'un Objet magique, qui tient la pensée captive et l'empêche de se retourner sur le sujet lui-même, n'est pas la conséquence d'une structure psychique, donnée une fois pour toutes, mais est en réalité un processus qui s'amorce et se développe dans un dialogue, chaque fois qu'un retournement sur soi risque de se produire qui entraînerait la perception d'éléments psychiques douloureux. C'est sans doute chez l'individu où tout retournement sur soi, quelles qu'en soient les circonstances et quels qu'en soient les facteurs incitants, entraîne nécessairement des souvenirs ou des phantasmes pénibles, que l'orientation objective des processus mentaux s'installe une fois pour toutes et fait de tout objet une parcelle d'un Objet global, assez puissant, assez envahissant pour concentrer l'attention, l'emprisonner définitivement et la nourrir de spéculations qui pourront finir par devenir délirantes. Si nous essayons de comprendre les phénomènes psychologiques en terme de processus, peut-être devrons-nous réviser notre conception du délire, le prendre moins pour un simple trouble de la pensée ou de l'imagination que pour l'effet d'un processus d'objectalisation qui se produit en chacun, mais qui chez certains se développerait et s'installerait rigidement pour exclure un processus inverse, celui qui ramènerait le sujet à lui-même et aux aspects personnels de son expérience.

*
*  *

Quoi qu'il en soit, la cliente du pédiatre n'a pas suivi ce chemin. Elle a accepté de s'interroger sur ce qu'elle ressentirait si on la réveillait intempestivement pour des raisons futiles. Si elle a accepté, c'est que l'invitation qui lui était faite ne l'entraînait pas sur une pente dangereuse, c'est que le souvenir d'une anxiété passée ou l'anticipation d'une anxiété future, dans une situation de frustration, était tolérable et ne risquait pas de la mettre en présence d'une angoisse plus fondamentale et plus intolérable. L'attention portée à un malaise personnel était possible parce que celui-ci était circonscrit, limité, séparé d'autres malaises ou d'autres phantasmes douloureux.

Que se serait-il passé si le retournement sur soi, une fois amorcé et non arrêté par cette « insistance » objectale que nous venons de décrire, avait ramené, à la faveur d'un souvenir désagréable, tout un passé douloureux, un bilan de vie où la part des frustrations l'aurait emporté sur la part des satisfactions? Il n'est pas absurde de se poser la question. Quiconque, médecin ou psychologue, s'occupe des problèmes des autres a l'expérience de ces questions apparemment anodines, mais qui, tout en ramenant le sujet à lui-même, le mettent sur la voie de confidences tristes ou amères, et déclenchent une longue plainte.

Je me dispense d'entrer dans la description de ces cas. Je me borne à analyser les processus qui se passent alors. En termes de structure, on pourrait dire que cette personne, trop obéissante à la suggestion du médecin, devenue attentive à ses expériences propres, voit revenir le souvenir ou la crainte d'un malaise, que celui-ci n'est pas séparé de tous les autres malaises possibles ou réels de sa vie, que les limites entre les souvenirs désagréables sont floues ou inexistantes, en sorte que les uns rappellent les autres, une souffrance particulière la somme de toutes les autres. Mais est-il raisonnable de penser ainsi, au moyen des concepts de structure, de séparation, de limites plus ou moins imperméables entre des éléments psychiques? En raisonnant ainsi, ne sommes-nous pas une nouvelle fois entraînés vers un modèle simplement analogique?

En tout cas, il me semble qu'on peut faire l'économie de cette explication structuraliste. C'est un *processus* mental bien connu, utilisé par la psychanalyse, du moins à ses débuts, que celui de l'association : d'un malaise, on passe à un autre, de ce second à un troisième, et ainsi de suite, jusqu'à une expérience où peut s'exprimer avec ou sans pleurs, avec ou sans cris, toute la souffrance vitale du sujet. Nous savons aussi que ce processus par lequel des souvenirs désagréables se succèdent ainsi en chaîne peut s'amorcer et continuer sans l'instigation d'un expérimentateur ou d'un psychothérapeute. Mais ce qui me paraît le plus important, c'est l'effet d'une association, provoquée ou spontanée, de ce genre. J'ai parlé, il y a un instant, de souffrance vitale, j'aurais pu utiliser le terme de souffrance existentielle, l'un et l'autre terme servant à dénoter un état psychologique où l'individu se trouve en quelque sorte piégé, captivé par sa souffrance, comme tout à l'heure nous supposions un individu captivé par l'objet.

Supposons maintenant que la mère de notre exemple se soit laissée entraîner par ce processus d'associations, par cette remémoration en chaîne de souvenirs désagréables. Elle pleure peut-être. Elle se lamente sûrement sur la dureté de son sort. L'enfant au sujet duquel elle est venue consulter est bien loin! S'il intervient encore, c'est dans des plaintes au sujet de la difficulté d'élever des enfants ou dans l'expression des craintes qu'elle peut avoir de faire avec lui les mêmes erreurs que ses parents avec elle.

La question qu'on peut se poser alors est la suivante : dans cette lamentation sur elle-même, sur son passé, sur son avenir, découvrons-nous une prise de conscience? Je ne le crois pas. On peut dire évidemment que cette chaîne de souvenirs qui apparaissent les uns après les autres augmente ou approfondit chez cette personne la conscience de son malheur. Mais le terme de conscience ne doit pas nous abuser. Il ne le fera pas si nous restons bien attentifs au fait que dans l'effet désastreux de ce retournement sur soi, le sujet ou ses activités mentales restent comme piégées, comme captives de la souffrance remémorée. Nous n'y voyons rien de cette libération intérieure que le sens commun a toujours associée à la prise de conscience.

Avant de chercher ce qu'il y a de particulier dans une prise de conscience, relevons un fait courant, qui est de nature à montrer comment une extension de la conscience malheureuse peut être artificielle et constituer non seulement le contraire d'une prise de conscience, mais un obstacle s'y opposant ou l'excluant. Dans la relation des parents aux enfants ou de conjoints entre eux, peuvent surgir des conflits où l'un des protagonistes se sent en faute, mais sans se l'avouer ou sans désirer prendre conscience d'un aspect désagréable de son attitude. Alors on voit ce protagoniste s'enfoncer dans une humeur dépressive, accentuer son caractère mauvais, se décrire d'une manière de plus en plus vive sous les traits d'un persécuteur persécuté. Dramatisations que j'évoque pour montrer comment cette sensibilité très vive dont se vantent certains et qu'on peut décrire comme une forme de concience de soi, consistant à augmenter le sentiment de son malheur, à se rappeler le plus de sensations désagréables, à se servir des unes pour augmenter les autres, est le résultat de processus qui, loin de favoriser une prise de conscience, la contrecarrent, la rendent plus difficile, voire impossible.

*  *
*

Mais il est temps de parler en termes positifs de la prise de conscience. A cette fin, revenons une dernière fois à notre exemple de base. La mère, tout en reconnaissant qu'elle n'aimerait pas de subir une brusque interruption de sommeil, n'a pas laissé s'amplifier en elle l'image de ce malaise. Elle a au contraire accepté de suivre le mouvement de la pensée et de la parole du pédiatre, quand celui-ci l'a ramenée à la considération de l'enfant, en disant : «*c'est la même chose pour l'enfant*». Ce retour au point de départ nous paraît capital. Il faut le comprendre aussi comme un processus par lequel l'attention redevient extraversive. Nous pouvons même supposer, comme hypothèse provisoire, que c'est ce retour ou ce réancrage de l'image du malaise propre dans le système des expériences de l'enfant, qui a empêché la conscience de la mère de devenir malheureuse, et le dialogue du pédiatre et de la mère de s'emprisonner dans une relation purement « duelle », de consolateur à consolée.

Les mots de conclusion du pédiatre étaient : *c'est la même chose pour l'enfant!* Identité d'expérience, identité de malaise chez la mère et chez l'enfant, quand se produit dans l'organisme de celle-là ou de celui-ci une interruption intempestive du sommeil! L'aperception, par la mère, de cette identité ne pouvait se faire qu'à la faveur d'un va-et-vient de son attention, d'une alternance entre ce que nous avons appelé dans le premier chapitre la présence à *soi-sujet* et la présence à *soi-objet*. Il était indifférent que l'attention de la mère ait d'abord été extraversive ou introversive. L'important était que s'opérât l'oscillation du processus mental : de l'enfant à elle-même et d'elle-même à l'enfant, le résultat de cette oscillation étant l'appréhension d'une identité possible.

# CHAPITRE III

# LA FICTION
# DE L'APPAREIL PSYCHIQUE

Aux yeux de beaucoup, la prise de conscience est un phénomène psychologique si simple qu'ils ne comprennent guère qu'on puisse s'interroger sur sa nature et ses variations. A d'autres, elle apparaît comme une illusion narcissique : il serait impossible de trouver de vrais points de repère ou de solides points d'ancrage dans le flux ininterrompu des événements mentaux. Pour les uns comme pour les autres, le problème de la prise de conscience serait donc un faux problème. Mais alors que pour les premiers une quelconque prise de conscience n'est qu'un aspect de la conscience de soi, un moment particulier de présence à soi, favorisé par des circonstances contingentes, la difficulté étant alors de comprendre en quoi consiste la présence à soi, les seconds partent d'une idée bergsonienne de la réalité psychique, comme si elle était animée d'un mouvement continu, où il serait artificiel d'opérer des distinctions, illégitime de supposer des coupures, illusoire de découvrir des points fixes. Appliquer aux phénomènes psychologiques l'intelligence, cette faculté que Bergson considère comme n'étant adaptée qu'aux réalités spatiales, comme n'étant qu'une fonction géométricienne, serait une démarche vaine et stérile, qui ne pourrait au surplus s'effectuer qu'aux dépens de l'intuition, cette connaissance directe de soi par soi, cette présence à sa propre durée interne.

Le caractère continu de la vie mentale semble incontestable. Chaque expérience est reprise par la suivante. Les souvenirs s'accumulent comme dans une boule de neige. Les éléments changent de place et de voisinage dans une sorte de mouvement brownien ininterrompu. On ne s'arrête jamais de penser, du moins pendant la vie éveillée. Chaque pensée se transforme en une autre. Chaque émoi change insensiblement de couleur et d'intensité, d'un moment à l'autre, comme si rien ne pouvait rester stable et donner prise à une saisie intellectuelle. L'élément que nous voulons observer est déjà différent au moment où nous l'observons et à cause de notre observation elle-même. C'est précisément cette fluidité qui décourage celui qui cherche à se connaître ou à connaître les autres. C'est elle aussi qui explique la place que Bergson a donnée, dans sa description de la vie psychologique, aux métaphores liées à l'image du flux.

Dans leur *Anti-Œdipe* [1] Gilles Deleuze et Félix Guattari ont montré le rapport qu'il y avait entre le flux et le désir. La personne qu'on aime passionnément, on voudrait s'y fondre, mais on craint de s'y perdre. Flux de lait, flux de merde, flux de sperme, passage d'une substance de l'organisme émetteur dans l'organisme récepteur, d'un organe émetteur dans un organe récepteur, transformation d'un organe ou d'un organisme récepteur en organe ou organisme émetteur, tous ces phénomènes biologiques à l'intérieur d'un corps ou entre des corps servent effectivement

---

[1] DELEUZE G. et GUATTARI F., *L'Anti-Œdipe, Capitalisme et Schizophrénie*, Paris, Les Editions de Minuit, 1972.

de support au désir et à son langage. Pour moi, j'en tire la conclusion qu'une psychologie qui décrit la vie mentale en se laissant dominer par l'opposition du continu et du discontinu, du flux et de la coupure, de l'insaisissable et de repérable, de l'élan vital et de sa codification, est une psychologie qui reste infiltrée par le langage spontané et archaïque du désir. Dans cette mesure, elle peut être une grande œuvre artistique, un poème remarquable, mais n'est pas scientifique.

Pour échapper à l'emprise des métaphores du flux, il n'est que de se rappeler le caractère « systémique » et les propriétés « transformationnelles » de la vie psychique. Si celle-ci présente à un premier regard certaines continuités, qui l'apparentent au monde des fluides, certaines discontinuités, qui ressemblent à des coupures, il ressort des observations cliniques plus prolongées que continuités et discontinuités sont toujours le fait d'un système à transformations constantes.

Le caractère systémique du psychisme, peu de psychologues et de philosophes sont prêts à l'admettre. Jusqu'ici, seuls les psychanalystes l'ont vraiment pris au sérieux, comme le prouvent les concepts qu'ils utilisent pour construire ce qu'ils appellent une *topique*. On sait quelles résistances rencontre cette partie de la psychologie freudienne. On est enclin à y voir la forme moderne d'une théorie scolastique des facultés. On s'effraye, surtout dans les milieux scientifiques, de la facilité avec laquelle le psychanalyste est censé manipuler ces instances.

Si les réticences de la psychologie académique peuvent s'expliquer et se justifier par les abus et l'intempérance d'une certaine manie interprétative, qui considère le psychisme comme une mécanique à deux ou trois registres seulement, elles sont plus surprenantes si on les confronte au sens commun, à l'expérience quotidienne, dont bien des accidents ne se comprennent pourtant qu'à la condition d'admettre que l'homme prête spontanément à son psychisme et à celui des autres les propriétés d'un système. Bien des soucis qui nous occupent, bien des réactions que nous avons et qui nous désolent trouvent leur origine dans le fait que la vie mentale d'autrui n'est précisément pas appréhendée comme un flux où iraient se fondre et se perdre les pensées et les émois qu'une personne peut avoir à notre égard, mais bien plutôt comme un appareil dans lequel ces pensées et ces émois peuvent subir un traitement qui les défigure tout en leur donnant une certaine permanence.

*
* *

Analysons par exemple la peur du « qu'en dira-t-on ». Nous commencerons par y trouver l'idée d'un milieu social où des gens se parlent pour médire de nous ou nous calomnier. On s'appréhende comme un objet de conversations malveillantes. Tel comportement qui ne réussit pas à obtenir le plein consentement de notre conscience, on craint qu'il ne soit connu, puis transmis de bouche en bouche, pour finir par devenir l'objet d'une critique généralisée. Déjà, à cette première étape de l'analyse, se dévoile l'image que nous avons du milieu dont nous faisons partie. En réalité, nous le percevons comme une machine extérieure à nous, comme un appareil à multiples rouages dans lequel nos comportements et notre personne peuvent être pris à tout moment, comme un système à l'intérieur duquel s'effectuent de nombreux échanges verbaux, d'individu à individu, sur soi-même absent.

Si on est porté à des idées paranoïaques, et qui peut se flatter de ne jamais en connaître? on incline à voir dans le milieu où nos conduites peuvent faire l'objet de commentaires une machine destructrice plutôt qu'un système de relations et d'échanges. Tout système où s'opèrent des transformations pouvant être comparé à un appareil où ce

qui entre se trouve soumis à des modifications, des dissociations et des combinaisons, pour en ressortir sous une
forme méconnaissable, il est loisible de s'attacher plus à
l'image de l'appareil qu'à l'idée de système. Alors naît une
sorte de caricature, une espèce d'illusion où le comparant
prend la place du comparé, se superpose à lui, pour finir
par s'y substituer, le signifié originel étant absorbé dans le
signifiant secondaire. L'image d'un appareil peut se lire,
comme en filigrane, dans la réalité d'un système d'échanges sociaux. Si cette image devient prépondérante et captive la pensée, c'est la réalité que cette image est censée
mieux expliquer, à savoir dans notre exemple le système
social, qui devient secondaire et qui ne peut plus se lire
qu'en filigrane dans l'image. Certains délires ne seraient-ils
pas le simple effet d'un renversement de ce genre, où
l'image serait devenue réalité et la réalité image. Si le
milieu qui nous connaît assez pour faire de nous un sujet
de conversations, nous le voyons plus sous la forme imaginaire d'une machine que comme un système de relations
entre des gens qui pensent et se parlent, notamment à
notre sujet, nous risquons de verser dans des interprétations paranoïaques : nos actes, nos paroles, nous les verrons comme des parties se détachant de nous et pénétrant
dans une machine complexe, dont nous n'avons pas le
contrôle, et destructrice dans la mesure où ce qui y est
introduit — des parcelles de nous-mêmes — se trouve
traité, maltraité, par son passage d'une bouche à une
oreille, d'une oreille à une bouche et ainsi de suite.

Si les réseaux sociaux peuvent se représenter sous la
forme d'une machine destructrice, c'est qu'ils ont des propriétés qui se prêtent à cette caricature, c'est qu'ils ont un
caractère « systémique » qui l'appelle et la fonde, chez
ceux qui ont besoin de se défendre.

*  *
*

Pour revenir au psychisme individuel et prouver que nous le percevons aussi comme système, revenons à l'analyse de la peur du « qu'en dira-t-on ». C'est le pronom neutre impersonnel qui nous a obligé de parler d'abord du milieu social. Mais dans cette peur est présente l'idée d'individus particuliers qui parlent de nous après en avoir pensé des choses malveillantes. L'opinion publique est faite d'opinions privées. Aussi changeons légèrement notre exemple de départ et envisageons le cas de la peur que nous pouvons avoir de l'opinion d'une personne particulière.

Si nous avions la conviction que les personnes au jugement desquels nous attachons du prix avaient une vie mentale tellement fluide que tout élément y pénétrant s'y fonderait au point d'y perdre son identité, on ne comprendrait pas qu'il nous soit possible d'avoir peur de leur avis. En fait, tel de nos comportements qui entre dans la vie mentale (succession de pensées et d'affects) de quelqu'un, sous la forme d'une information, y devient un élément stable, susceptible de subir l'influence d'autres éléments. Ainsi, quand nous craignons un jugement sévère de la part d'une personne de notre entourage, pour une conduite simplement hédonique qui ne lui apporte aucun préjudice, nous donnons la preuve que nous savons, au moins par une appréhension confuse, que notre recherche de plaisir peut devenir, par le processus de l'information, une image intérieure à la vie mentale de la personne dont l'avis nous préoccupe, ensuite que cette image pourra se trouver en butte à une agression interne de la part de la conscience de ce sujet, surtout si en s'installant dans la pensée de celui-ci, elle se surcharge de souvenirs et de regrets personnels. La distinction topique entre le ça et le sur-moi, c'est Freud qui fut le premier à la formuler en ces termes, mais quiconque craint le jugement d'un autre sur son comportement la connaît, sans le savoir, dans la mesure où il se rend compte que l'image de son comportement peut recevoir de cette personne une appréciation défavorable, rien que pour des raisons qui sont propres à la personne elle-même.

Mais ne serait-il pas plus simple et plus conforme à la vérité des choses de supposer que le comportement qu'on veut tenir secret, on sait par expérience ou par conditionnement qu'une fois connu par des personnes qui ont pouvoir sur nous, il entraînerait de leur part une punition matérielle ou morale? De même, la peur de l'opinion publique, ne peut-on pas l'expliquer par l'appréhension des conséquences néfastes que tel comportement entraîne en réalité, pour celui qui en est reconnu coupable, dans une société ou dans un milieu ayant son échelle de valeurs.

L'objection est sérieuse. Les faits de conditionnement sont tellement spectaculaires, surtout en psychologie animale et dans la psychologie du petit enfant, qu'il faut se demander s'ils ne jouent pas un rôle aussi important chez l'adulte humain, qui reste tout de même un animal et un enfant, même si son narcissisme répugne à le reconnaître. Pour ma part, il m'a toujours semblé que l'observation clinique ne venait jamais contredire les lois du conditionnement, bien plus, qu'il était nécessaire de les faire intervenir même quand il s'agit de phénomènes psychologiques dits supérieurs. Néanmoins, la question reste de savoir si, l'explication par ces lois étant reconnue comme *nécessaire*, on peut aussi la tenir pour *suffisante*.

Oui, dans son histoire, chacun peut trouver des punitions qui se sont assez répétées pour qu'il les appréhende dès le moindre signe annonciateur. Le jugement défavorable, exprimé dans une condamnation verbale, peut être devenu un de ces signes, du fait que souvent l'application d'une sanction fut précédée ou accompagnée d'une menace. D'autre part, pour rendre compte de l'association entre un comportement nouveau, encore jamais puni, et un jugement défavorable, il est légitime de recourir à une loi de généralisation qui attribue à des conduites analogues des réactions identiques de la part de ceux qui exercent sur nous un pouvoir semblable à celui que commencèrent par exercer sur nous nos propres parents.

Ce schéma explicatif, il serait téméraire de le rejeter. Mais il serait simpliste de s'en contenter. Il néglige le fait que l'enfant, entendant ses parents se critiquer eux-mêmes, comprenait ce qu'ils faisaient. En lui-même, il a souvent assisté à l'éclosion de désirs et de pensées qu'il s'est obligé à étouffer dans leur germe, sous l'effet d'une contrainte qu'il sentait intérieure à soi, même si le psychologue scientifique peut en expliquer inductivement l'origine par des influences parentales extérieures. Or, ce sont précisément des expériences personnelles de conflits internes de ce genre qui contribuent à fonder la conception selon laquelle le psychisme est un système dynamique où s'affrontent des forces ou des orientations contraires. C'est à partir du moment où une telle conception est assez élaborée que l'enfant comprend que des parents puissent se critiquer eux-mêmes et être, comme lui, le siège de forces conflictuelles. C'est alors que les conditions de possibilité existent pour des malentendus qu'il semble difficile d'expliquer entièrement par les lois du conditionnement. Les psychologues cliniciens entendent souvent leurs clients reprocher à un parent ou à un partenaire une mauvaise foi d'un type très particulier. Ils ne se plaignent ni de sa sévérité ni même de ses erreurs comportementales, mais de la manière, estimée malhonnête ou fausse, qu'il a de se présenter comme quelqu'un qui ne connaît jamais d'hésitation intérieure, jamais de conflit entre des tendances opposées, jamais de transformations, jamais de passage d'un niveau d'appréciation à un autre. On comprend leur irritation. Nier sa propre complexité, c'est une façon de nier sa réalité psychique pour nier celle de l'autre. Si nous n'avions pas du psychisme en général une conception systémique et transformationnelle, des malentendus de ce genre ne pourraient jamais se produire.

Une fois perçue la constitution systémique du psychisme, la peur que nous pouvons avoir du jugement d'autrui se transforme, sinon par un changement de nature, du moins par une amplification inattendue. Les effets néfastes que ce jugement pourrait avoir dans la réalité sur notre confort, sur notre bien-être ou sur nos projets passent à l'arrière-plan de nos préoccupations pour ne plus laisser subsister que l'idée insupportable qu'on est emprisonné dans un système mental où on ne cesse de subir des agressions fictives, contre lesquelles nous n'avons aucune possibilité de nous défendre, surtout si ce système fonctionne en circuit fermé et ne laisse entrer aucune nouvelle information qui serait de nature à modifier le jugement.

Certains rétorqueront qu'il leur est indifférent d'être bien ou mal jugés par des personnes qui ne peuvent avoir aucune influence réelle sur le cours de leur destinée, qu'ils ne sont guère sensibles à l'idée d'être dans l'esprit d'un autre l'objet de critiques agressives. Même si on les croyait sur parole, on ne pourrait pas s'empêcher de penser qu'ils ont dû conquérir, souvent à travers de nombreuses crises, cette belle et haute indifférence. Ils ne pourront pas nier qu'elle soit difficile et d'une grande fragilité. Elle demande notamment qu'on ait réussi à renoncer à l'ambition d'être aimé par tous, c'est-à-dire d'être dans l'esprit de tous ceux qui nous connaissent un objet admiré, caressé et désirable.

*
*  *

Psychologues et psychanalystes s'accordent à dire que l'enfant n'a pas seulement besoin de calme, de soins corporels, mais encore d'amour. En vérité, je ne sais si dans les premières semaines de la vie, cette distinction entre les soins et l'amour a un sens, l'amour de la mère à cet âge s'exprimant précisément par les soins donnés. Mais avec les mois et les années qui passent, la distinction prend un sens très précis : l'enfant peut facilement se rendre compte de la différence qu'il y a entre « être bien soigné » et « être aimé ». Cette distinction, l'adulte aussi la fait quand il demande à une femme, non seulement de l'entretenir, mais encore de l'aimer. Or, on ne peut faire la théorie de cette distinction qu'en se rapportant encore une fois au caractère systémique du psychisme.

Il n'est pas facile d'énoncer tout ce qui est impliqué dans la volonté d'être aimé. On risque de se dévoiler, chacun ayant sa conception de l'amour et des désirs particuliers qu'il contient. Mais si nous pouvons quand même en parler, c'est que toutes les formes d'amour ont un élément commun ou plus exactement qu'entre des psychismes construits de la même manière, on peut imaginer des types de relation également communes, quels que soient les détails singuliers ou individuels. Contrairement à ce que pense un romantisme mystique, l'amour est une expérience dont on peut parler, même si les sensations qui y naissent restent subjectives. La raison en est que l'amour, à la différence de l'attachement qui est le simple effet de satisfactions, met en jeu deux systèmes dont on peut connaître le fonctionnement. Ce phénomène de l'amour qu'on estime habituellement inaccessible à l'analyse et sur lequel les philosophes ont coutume de se fonder pour dénoncer les limites de la psychologie scientifique et pour défendre leurs idées sur les vertus de l'intuition, de la participation ou de l'intersubjectivité spirituelle, c'est lui qu'on peut choisir aussi pour illustrer d'une nouvelle manière les propriétés systémiques du psychisme.

Partons de la différence qui existe entre le désir d'être entretenu et celui d'être aimé. Dans le premier intervient la considération de notre corps et de l'ensemble des commodités et des plaisirs qu'un autre corps peut y assurer. Dans le second, nous pouvons dire en nous servant du langage traditionnel, marqué par la philosophie et la théologie, qu'intervient la considération de l'âme. Qu'est-ce à dire en termes de psychologie scientifique? Celle-ci a substitué à l'idée de l'âme une, simple et indivisible, le concept de psychisme et parfois, comme c'est le cas dans la métapsychologie freudienne, celui d'appareil psychique. Nous dirons donc que le phénomène de l'amour ne fait pas seulement interférer deux corps, mais encore et surtout deux psychismes ou deux appareils psychiques.

Dans la peur du jugement d'autrui, nous appréhendons les agressions mentales que peut subir notre comportement en devenant objet intérieur ou image dans le système mental d'un de nos semblables. Quand nous désirons être aimé, nous souhaitons devenir un objet d'admiration, c'est-à-dire pénétrer dans un système mental pour y devenir un objet intérieur doté d'une certaine permanence et revêtu de l'éclat des personnages préférés. Nous voulons au surplus qu'un certain nombre de nos comportements possibles à son égard trouvent à se représenter mentalement en lui et que cette représentation soit chargée de toute la puissance du désir et devienne ainsi une forme de réalisation ou d'accomplissement du plaisir.

L'explication qui fait intervenir les propriétés « systémiques » du psychisme est capable d'éclairer en partie un des aspects du désir d'amour qui est des plus surprenants et qu'il est bien malaisé de comprendre, si l'on s'en tient à une simple théorie du conditionnement : à qui on demande de vous aimer, on demande souvent un certain masochisme. Conduite paradoxale, qui reste mystérieuse aussi longtemps qu'on assimile l'amour à une simple affaire de besoins physiques, mais qui s'éclaire dès lors qu'on dévoile dans le désir d'être aimé celui de voir ses propres comportements à l'égard de l'objet d'amour investis par lui, mentalement et libidinalement, sous la forme d'une représentation dont il désire intensément l'accomplissement. En effet, il peut se faire que parmi les comportements qu'on désire voir ainsi investis figurent non seulement ceux qui consistent à donner, flatter, caresser et protéger, mais aussi des agressions verbales ou même corporelles. Une fois mis en branle le processus qui consiste à souhaiter qu'une personne s'attache intérieurement à la représentation des actes possibles de notre part à son égard, on peut imaginer facilement que ce processus passe des actes de bienveillance aux actes de malveillance, le désir devenant alors tellement absolu qu'il en devient le souhait de voir l'objet d'amour s'attacher aussi fixement et aussi solidement aux uns comme aux autres.

Comme tout être humain passe, envers ses semblables et ses familiers, par des phases de bienveillance et de malveillance, on comprend que son désir d'exister d'une manière privilégiée et stable dans le système mental d'une autre personne le conduise à souhaiter ne pas en être exclu à l'occasion des comportements agressifs que son bon sens lui fait prévoir, même à l'égard de la personne aimée. La meilleure garantie contre ce danger toujours imminent, il l'obtiendra s'il arrive à faire en sorte que l'autre personne investisse jusqu'à la représentation des actes agressifs dont elle ne manquera pas d'être l'objet de sa part.

L'intensité d'un désir d'amour peut donc se mesurer au nombre de comportements propres qu'on souhaite voir être intériorisés et investis par le système mental de l'objet d'amour. Quand quelqu'un souhaite rencontrer une personne capable d'enregistrer, d'entretenir et d'aimer *toutes* ses conduites à son endroit, qu'elles soient bonnes ou mauvaises, douces ou agressives, il n'est pas sadique, mais par l'étendue même de son désir, il exige de son objet d'amour une aptitude spéciale au plaisir masochiste.

Tournons-nous pour finir vers la personne qui aimera de cet amour masochiste. Pour comprendre les conditions qui le rendent possible, distinguons dans tout système psychique évolué les processus de la représentation, ceux de l'investissement d'objet et ceux de la recherche du plaisir. Nous pouvons alors supposer que dans un système mental particulier, notamment en raison d'expériences passées, une jonction se fasse entre la représentation de conduites agressives, l'attachement à telle personne et la recherche de plaisir. De cette jonction naîtra une position masochiste : la représentation de conduites agressives de la part de l'objet aimé sera une promesse de plaisir L'explication est peut-être schématique, mais le psychisme fonctionne en traçant les circuits les plus faciles entre tous les pôles qui le sollicitent.

# CHAPITRE IV

# LE PSYCHISME
## COMME SYSTÈME DE TRANSFORMATIONS

Il y a quelque temps, un journal liégeois rapportait l'histoire d'un couple qui illustre, comme en gros plan, les processus psychiques dont il a été question dans le chapitre précédent. Un employé allemand, dessinateur d'une firme de publicité, rencontre une dessinatrice dans un bal masqué. Elle était déguisée en Cléopâtre. Le garçon en tombe aussitôt amoureux. La nuit même, la jeune femme se trouve nue devant lui, et celui-ci lui demande tendrement: « Remets ton costume de Cléopâtre; maquille-toi comme tu l'étais au bal ». Elle obéit. Ils ne tardèrent pas à contracter mariage. Celui-ci resta dominé par les circonstances de son origine. Chaque fois qu'ils voulaient s'aimer, le mari exigeait qu'elle se masquât comme au premier soir. Le journaliste facétieux qui relate l'histoire note qu'après un an, la robe de Cléopâtre était si usée qu'il fallut en confectionner une nouvelle. Mais il n'y eut pas beaucoup de nouvelles robes! Les choses se gâtèrent. La femme se fatigua de son accoutrement; quand elle refusait de passer la robe de Cléopâtre, le mari se fâchait. Les disputes se multiplièrent. Le couple alla solliciter l'avis d'un conseiller conjugal qui leur aurait dit : «*Eteignez les lumières, dans la pièce complètement noire, couchez-vous près de votre mari et parlez-lui en donnant l'impression que vous êtes Cléopâtre*». Le conseil ne porta pas ses fruits. Le mari continua à insister pour que sa femme se déguisât. Celle-ci finit par refuser, et comme c'était chaque fois une scène, elle se décida à demander le divorce.

Dans cette aventure, que le journal rapportait sous le titre : *il ne pouvait aimer sa femme que déguisée en Cléopâtre,* quelle est la part de vérité historique? Comme je n'ai pas l'intention de faire une analyse de cas, il n'importe guère qu'il m'ait été impossible de le vérifier. Embellie ou non, l'histoire ne pouvait pas manquer d'intéresser un journal à sensations. Le titre et le contenu de l'article devaient frapper. La folle exigence du dessinateur, le lecteur allait la comprendre d'emblée, sans avoir besoin de recourir à quelque savante théorie psychologique. Il allait s'y intéresser et en rire. Mais de quel rire? Probablement d'un rire innocent et non pas de celui auquel nous donnons la couleur du jaune. Pourtant il me semble que tout le monde pourrait en rire de cette manière, puisque dans tous nos amours, des mécanismes semblables sont en jeu, du moins à leurs débuts. Notre jeune dessinateur essayait de maintenir ce que nous avons nommé provisoirement la jonction entre une représentation, une présence et un émoi sexuel. Il lutta contre la déception en cherchant à reconstituer matériellement ce qui pourrait se définir comme une sorte de scène primitive, comme la première scène d'un amour naissant.

Habituellement, pour retrouver l'intensité des débuts d'amour, les partenaires n'exigent pas une reconstitution effective, mais se contentent d'une reproduction imaginaire. A ce propos, le conseiller conjugal de notre histoire aurait pu, au lieu de demander à la femme de parler en

Cléopâtre, suggérer au mari de profiter de l'obscurité, c'est-à-dire de la suppression des perceptions externes, pour laisser travailler son imagination et se représenter mentalement sa femme en Cléopâtre. Je ne dis pas que le conseil ainsi modifié aurait eu de meilleurs résultats thérapeutiques, mais que ce soit sous la forme rapportée par le journal ou sous la forme transformée que je viens d'indiquer, le conseil aurait été inspiré par un même espoir : substituer à la reproduction matérielle une représentation mentale, laquelle aurait dispensé la femme de ce travail de masquage et de maquillage, devenu à la longue bien fastidieux.

Le récit nous dit que le conseil n'eut pas d'effet. Faut-il s'en étonner? Certes témoignait-il de la connaissance que celui qui le dispensa avait du fonctionnement du système psychique de ce dessinateur à qui il fallait aussi un dessin, celui de Cléopâtre, pour se préparer à l'amour. Mais ce conseil ne changeait rien au fonctionnement de ce système. En proposant une substitution de l'image mentale à la perception réelle, il raffermissait en fait le système dans son fonctionnement autonome, au lieu de montrer à l'intéressé que c'était ce genre de fonctionnement qui était responsable des difficultés et qu'il était possible et urgent de le modifier pour que place y soit faite à des propriétés plus réelles.

En racontant et en commentant cette sombre histoire, j'ai omis de rapporter un des propos qu'aurait tenu l'avocat chargé de plaider le divorce pour la femme : «*Cette attirance séculaire des hommes pour tout ce qui se rapporte à Cléopâtre fut un écueil dans leur mariage.*» Voilà bien une remarque d'avocat! Elle relève plus de la rhétorique que de la psychologie! Elle accuse Cléopâtre elle-même et l'image qui s'en est transmise à travers les siècles, comme si sans l'influence posthume du personnage, le jeune homme n'aurait eu aucun problème avec sa femme. Si nous voulons bien comprendre cette histoire, nous devons partir de l'idée que, tout compte fait, la figure de la reine égyptienne jouait dans cette affaire un rôle mineur ou accidentel. Chez un autre amant, c'est plus modestement une boucle de cheveux, un sourire ou un mot d'esprit délicieux qui se lie à l'émoi et qui doit être rappelé à la rescousse chaque fois que réapparaît le désir de cet émoi. Que le mégalomania-que utilise l'image d'une reine aux amours célèbres ou qu'un individu plus modeste se contente de l'évocation du détail érotique qui l'a frappé à la première rencontre, les mécanismes en jeu sont pareils : pour l'un comme pour l'autre, il s'agit en effet de lutter contre les atteintes du temps, contre l'effet dégrisant de la réalité, en renouvelant ce que nous avons appelé la jonction entre une représenta-tion, une présence et une excitation. Notre éloquent avocat ne pensait guère, dans son analyse des échecs de son couple, au travail psychique qui en était responsable, et qui s'opérait aussi bien chez le mari, quand il formulait ses exigences, que chez la femme, chaque fois qu'elle s'y pliait.

Dire qu'à tout amour, du moins à ses débuts, se mêlent des éléments fétichistes n'est guère satisfaisant. C'est là une interprétation trop psychiatrisante. Elle se borne à changer d'étiquette et ne fait que reculer ou compliquer le problème. Le fétichisme lui-même doit être expliqué. Or, l'analyse de la perversion montrerait probablement que celle-ci consiste dans une simplification caricaturale de mécanismes fondamentaux qui jouent dans la plupart des amours passionnels et qui tiennent précisément au carac-tère systémique du psychisme. Supposons en effet qu'une fois opérée la jonction brusque entre une représentation, la présence d'une personne et l'excitation érotique interne, le sujet ne soit plus capable de procéder à une disjonction de ces éléments, pour détacher par exemple l'émoi sexuel de la représentation originelle et le lier à des éléments de perception nouveaux, il faut s'attendre à voir cet amour se transformer insensiblement en fétichisme, le renouvellement n'étant pas alors assuré par la substitution d'éléments perceptifs à des éléments représentationnels, mais par le changement de personnes, l'important étant de trouver chaque fois celle qui est ou accepte d'être porteuse de la représentation dominante. Dans une explication de ce genre, le fétichisme apparaît comme la seule issue qui reste à un système mental que des expériences passées auraient rendu incapable de lier à des excitations sexuelles des éléments perceptifs, du genre de ceux qui apparaissent dans la relation d'un corps à un autre. Cette incapacité doit évidemment être expliquée à son tour, de préférence aussi par des mécanismes dynamiques. Mais nous nous écarterions de notre propos actuel. Je voulais simplement indiquer qu'un amour dont le développement normal est contrarié par certaines impuissances psychiques se dégrade nécessairement en fétichisme et que cette dégradation *nécessaire* témoigne du caractère hautement organisé du système psychologique où il s'élabore.

*\
\* \*

Je viens de parler du développement normal de l'amour. Auparavant, je n'avais pas manqué de signaler que la jonction entre une représentation, une présence et une excitation était un phénomène courant et se retrouverait probablement à l'origine de toutes les amours. Mais alors y a-t-il encore lieu de faire la distinction entre les formes tempérées ou normales et les formes passionnelles de l'amour? Comment se fait-il qu'à partir d'une origine semblable, un amour puisse évoluer vers un fétichisme rigide ou vers un attachement personnel? Ce problème est difficile à résoudre et je n'aurai pas la prétention d'y apporter une solution complète. Comme l'objet de mes analyses n'est pas l'amour, mais le psychisme, qu'on me permette de limiter mon propos à un aspect du problème ou à une des conditions théoriques qu'il faut accepter au préalable si on veut s'acheminer vers une solution. Soit dit plus clairement, je voudrais montrer que pour comprendre l'évolution d'un amour vers sa forme normale ou tempérée, il faut en appeler au concept de *transformation intra-systémique*.

Les exemples que nous avons analysés jusqu'ici, celui de la peur d'être jugé comme celui du désir d'être aimé, tendaient à montrer qu'il faut, sous peine de ne rien comprendre à ces phénomènes, considérer le psychisme comme un système où s'articulent les uns sur les autres des instances ou des mécanismes distincts. Nos digressions sur le risque de masochisme qui guette celui qui veut répondre à une demande d'amour, comme celles sur le fétichisme auquel tourne un amour bloqué, n'avaient pas d'autre but. Maintenant, il est temps et il est possible de passer à la notion de transformation intérieure au système.

Ainsi, voyons un certain nombre des conditions les plus manifestes qui semblent devoir être réalisées pour que, dans un système mental, le passage s'opère de cette jonction primitive que nous avons posée au moment de l'éveil d'un amour à une autre forme de jonction, capable de donner à cet amour une durée qui résiste aux déceptions ou à l'intrusion du réel. Suffit-il par exemple d'en appeler à une capacité psychologique comme celle qui consisterait à tolérer les déceptions et qui varierait selon les individus? J'appréhende fort que le recours théorique à cette idée d'un seuil de tolérance, qui serait propre à chacun, ne contribue subrepticement à transformer le travail thérapeutique en un nouveau discours édifiant, où on s'acharnerait à trouver des arguments rhétoriques pour élever de quelques degrés ce seuil de tolérance. Si la psychologie devait conduire à des méthodes de ce genre, je comprendrais que beaucoup lui reprochent de participer aux forces répressives qui ne manquent pas d'être à l'œuvre dans la société. Ramené à sa plus simple expression, le but serait d'augmenter chez les gens la capacité de renoncement. Freud a répété qu'on n'échappe jamais à la souveraineté du principe du plaisir. Cela veut dire d'abord qu'un renoncement obtenu de force ne tardera pas à se transformer en source de plaisir, c'est-à-dire en masochisme, ce qui n'est certainement pas un idéal à favoriser, ensuite que les renoncements les plus sains et les plus durables se produisent quand on arrive à remplacer une satisfaction par une autre, ce qui n'est certes pas facile et qui ne s'accomplit généralement pas par l'effet d'un simple acte de volonté.

Il est vraisemblable que les méthodes capables d'amener un sujet à substituer un plaisir à un autre sont multiples, les unes se fondant plus sur les lois du conditionnement, d'autres sur les lois de la prise de conscience. Mais il est vraisemblable aussi que l'efficacité durable de chacune sera proportionnelle à l'importance de la transformation qui réussira à s'opérer à l'intérieur du système psychique.

Revenons à notre point de départ : un individu s'émeut sexuellement en présence de quelqu'un et à la vue d'un aspect de sa personnalité physique ou morale. Pour retrouver l'émoi, il cherchera à reproduire ces conditions initiales, en retrouvant la personne et son signe érotique distinctif. Mais le signe ne peut être tenu en vie indéfiniment, soit parce que toutes les choses de ce monde changent, soit parce que la personne qui le portait ne tient pas à y être réduite une fois pour toutes et souhaite légitimement que d'autres aspects de sa personnalité soient reconnus et aimés. Supposons que la personne dont on a subi le charme accepte la cour qu'on veut lui faire. Il faut alors, pour que la relation continue, que l'amant opère une disjonction, comme je l'ai déjà dit, entre les signes érotiques qui étaient actifs au moment de l'éveil de son amour et l'excitation interne, sans quoi il se condamne à une recherche désespérée et indéfinie de ces mêmes signes, qui acquerront alors, pour le malheur du sujet, une valeur d'éternité. La disjonction n'est pas aisée, si on en juge par la solidité et l'apparente irréversibilité des conditionnements affectifs.

Dans l'amour, une disjonction entre la représentation originelle et l'excitation physique devient possible si le système mental glisse progressivement à la place de l'image initiale de nouvelles images ou mieux encore de nouvelles perceptions, en d'autres termes si l'excitation sexuelle se lie, à la faveur du lien primitif, à des éléments nouveaux en provenance de la même personne, en d'autres termes encore, si la représentation première diffuse la valeur érotique qu'elle a acquise, sur un certain nombre de perceptions, au point de rendre érotique ce qui appartient le plus à l'objet d'amour, son corps et sa sensibilité. Si une telle évolution s'effectue, l'émoi sexuel pourra se répéter, même sans reproduction, réelle ou mentale, du signe érotique isolé des débuts, rien que par l'effet de la proximité du corps ou d'un affect de la personne aimée. En termes psychanalytiques, on parlera alors d'un désinvestissement libidinal de la représentation mentale, accompagné d'un investissement libidinal des perceptions et des sensations. Encore dans le même vocabulaire, on dira qu'il y a un commencement d'instauration du principe de réalité. Ce n'est pas un renoncement au plaisir, mais celui-ci ne se lie plus seulement à la réalisation d'une représentation érotique, mais peut naître dans une relation réelle, effective, à une autre personne, à la faveur des impressions corporelles du moment.

Désinvestissement d'une représentation imaginaire, investissement d'impressions corporelles, voilà une transformation qui s'effectue à l'intérieur d'un système, celui qui constitue ce que nous appelons le psychisme. Ainsi localisée, elle apparaîtra à beaucoup comme étant une opération facile. Les choses qui se passent dans notre esprit ne sont-elles pas d'une mobilité ou d'une fluidité extrême? Ne changeons-nous pas facilement d'idées, d'intérêts? Notre attention ne se déplace-t-elle pas continuellement d'un pôle à un autre? Ces réflexions nous ramènent, ce n'est pas pour nous surprendre, à la conception dont nous sommes partis et selon laquelle la vie mentale serait un flux où les changements et les transformations seraient faciles, insensibles, continus.

En pensant à la peine qu'il faut se donner dans le travail thérapeutique, on peut reprocher à cette psychologie du flux de la conscience de méconnaître la difficulté que rencontrent certaines transformations à l'intérieur d'un système psychique. Contre l'opinion commune et contre celle des philosophes et des moralistes, il faut maintenir, pour revenir à notre exemple, que déplacer un émoi érotique d'une représentation mentale à des impressions corporelles est une opération interne malaisée qu'un simple changement de l'attention volontaire ne réussit pas à déclencher et que beaucoup d'individus échouent à faire. On peut en donner plusieurs raisons.

Il y a d'abord la force du lien qui se crée entre une représentation et un affect sexuel, après qu'un sujet vient de subir dans son corps, peut-être pour la première fois, l'influence d'un signal érotique. Par l'effet même de cette expérience troublante et grâce à l'aptitude à la remémoration imaginaire, ce qui n'était au départ qu'un objet de perception, le signal déclencheur, peut ensuite se reproduire presque à volonté comme objet de représentation et devenir ainsi un signifiant érotique. Or, nous savons que dans la vie psychologique il n'existe guère d'association plus étroite que celle qui relie, au niveau d'un signe, le signifiant et le signifié. Ce sont comme les deux faces d'une seule médaille. Ajoutons que la naissance d'un signe dépend d'un conditionnement dont l'effet est d'autant plus rapide et plus durable que l'affect mis en jeu est plus

intense. Dès lors qu'une représentation imaginaire, facilement accessible et reproductible, se trouve être devenue la
face mentale ou interne d'un émoi corporel, l'individu subit
les lois d'une espèce de langue érotique propre, où tel
signe renvoie à telle expérience ou rappelle, au sens fort du
terme, tel émoi. Lui demander de relier ses excitations à
d'autres éléments d'expérience, par exemple à des perceptions concrètes, non conformes à la représentation éroti-
sée, c'est lui imposer une tâche plus lourde que l'apprentissage d'une nouvelle langue.

Dans notre exemple, la difficulté s'accroît considérable-
ment pour une seconde raison. A la rigueur, la représentation imaginaire pourrait encore transmettre facilement sa
valeur érotique à des impressions corporelles du moment,
perceptions ou sensations naissant dans la relation du
corps au corps, de l'affect de soi à l'affect de l'autre, s'il
n'y avait aucune résistance, de la part de ces dernières
impressions, à se laisser ainsi investir, à se laisser relier
aux émois sexuels de la même manière que la représentation s'y était reliée auparavant. Mais, si la multiplication
des signes érotiques, par la diffusion d'une représentation
ou d'un ensemble représentationnel sur des ensembles perceptifs, est un mouvement naturel et spontané, propre à la
vie, elle peut toutefois rencontrer des obstacles, dont les
moins importants ne sont pas ceux qui procèdent de l'organisation psychique telle qu'elle s'est constituée au cours
de l'histoire du sujet. Pensons au refoulement. Pour le
définir comme un processus, on peut dire qu'il consiste
dans le maintien d'une disjonction qui s'est imposée à
certains moments de la vie du sujet entre les impressions
sensorielles et l'excitation sexuelle. Si la jonction d'une
représentation et d'un émoi constitue un élément de l'organisation psychique, la disjonction entre des impressions
et un émoi en constitue un autre. Le passage d'un amour
narcissique à un amour réel est difficile parce qu'il exige en

particulier l'effacement de certaines jonctions récentes et le relâchement de certaines disjonctions anciennes.

*
*   *

Il faut attribuer au psychisme un caractère systémique. Hélas, en s'exprimant ainsi, on risque de tomber dans un de ces nombreux pièges que le langage dissimule et tend tout à la fois à notre pensée. On donne à croire que le psychisme serait une réalité en soi dont un des traits principaux serait le caractère systémique. On favorise alors une nouvelle question. Chacun veut aller voir au-delà de l'attribut et trouver la réalité qui se cache derrière l'apparence, le noumène mystérieux qui s'abrite et s'occulte dans le phénomène. Et voilà parti le mouvement qui conduit aux spéculations les plus vaines et les plus irritantes! La faute en revient aux ambiguïtés de la syntaxe. L'expression, *caractère systémique du psychisme*, peut signifier deux choses : soit que le psychisme est système, pour ainsi dire de part en part, soit qu'il est une réalité à laquelle il faut notamment attribuer le fait d'être organisée en système plutôt que canalisée en flux. Les analyses auxquelles nous nous sommes livrés montrent sans ambiguïté qu'il faut s'en tenir à la première signification : un psychisme est un système d'organisation entre des représentations, des perceptions, des affects et des pulsions, un système de jonctions et de disjonctions du genre de celles dont nous avons fait état pour expliquer les accidents et les péripéties du parcours amoureux. En définitive, pourquoi l'étude du conditionnement fait-elle partie de la psychologie sinon parce qu'elle révèle les organisations ou les systématisations par où commence modestement, mais solidement, la vie psychique? Avec l'apparition du pouvoir de représentation et de remémoration, de nouvelles organisations s'instaurent dont la complexité sera telle qu'il faudra, pour les comprendre, faire appel à toutes les ressources de l'analyse.

Considérer chaque psychisme comme un système ou un ensemble de circuits se traçant entre des ensembles représentationnels, perceptifs et pulsionnels, n'est-ce pas trop logique ou trop obsessionnel? La question peut se poser. La démarche scientifique participe tant de la névrose obsessionnelle qu'il est toujours à craindre qu'elle n'attribue à son objet sa manie de l'ordre et de la systématisation. Il me semble toutefois qu'appliquée au psychisme, elle peut échapper à ce danger d'une quadruple manière : premièrement en ne négligeant dans ce système aucun élément, par exemple en n'imitant pas un certain structuralisme, trop aveugle aux éléments affectifs et pulsionnels qui sont toujours en jeu; deuxièmement en restant sensible à toutes les espèces d'interactions qui s'effectuent dans le système, aussi bien à celles qui vont des ensembles représentationnels et perceptifs aux émois organiques et sexuels qu'à celles qui vont en sens inverse, du corps à la représentation et à la perception; troisièmement en n'oubliant pas qu'il est des psychismes dont le fonctionnement se caractérise par une labilité destinée à brouiller les cartes, enfin quatrièmement en tenant compte des transformations qui ne cessent de s'effectuer dans tout système.

Une fois écartés les dangers de la conception systémique du psychisme, on peut en énumérer les avantages. Elle nous immunise efficacement et durablement contre ce qu'on appelle le mentalisme. La véhémence que Skinner met à accuser de cette faute un certain nombre de théories psychologiques et psychanalytiques est injuste, mais utile comme un défi. Notre paresse d'esprit ou notre impatience à expliquer sont telles que nous préférons la manipulation d'entités fictives à la compréhension des processus. Mais il ne faudrait jeter l'enfant avec l'eau sale du bain. Il serait regrettable que la chasse aux sorcières responsables de l'illusion mentaliste aboutisse à la négation de la réalité psychique. Elle créerait une nouvelle idéologie, inverse ou complémentaire de celle qu'elle cherche à dépister et à condamner. On peut admettre la réalité psychique, sans la réduire forcément à des entités fictives. Pour éviter le traquenard, il n'est que de prendre le psychisme pour ce qu'il est réellement, à savoir une organisation plus ou moins labile entre *toutes* les fonctions de la vie de relation.

La conception systémique du psychisme a un second mérite, encore plus important. Elle rend possible une théorie de la prise de conscience. C'est un avantage qu'on ne peut certes pas attendre d'une psychologie qui s'obstine à user des métaphores de la continuité et de la discontinuité. Celles-ci sont juste bonnes à induire en nous une certaine idée, à vrai dire bien confuse et bien discutable, de la différence entre l'inconscient et le conscient, le premier étant présumé continu et censé s'enrichir de toutes les expériences successives de la vie sans rien en perdre, le second n'étant constitué soi-disant que de petites parcelles d'expérience ramenées du fond et prélevées par l'intelligence pour les besoins de l'action du moment. Avec de telles comparaisons, la prise de conscience perd tout ce qu'elle peut avoir de sérieux dans la vie des gens, et se réduit à un simple et futile étiquetage des parcelles d'expérience revenues à la surface comme par enchantement. En revanche, si nous voyons le psychisme comme ce qu'il nous semble être en vérité, un système qui soutient des transformations, nous pouvons comprendre à la fois la possibilité, les difficultés et l'importance de la prise de conscience.

Envisageons d'abord la possibilité d'une prise de conscience qui ne soit pas illusoire, mais véritable. Selon la conception bergsonienne des choses, ce que nous pouvons apercevoir de nous-mêmes ne serait jamais qu'une surface sur laquelle flotteraient, dans une alternance d'apparitions et de disparitions, des bribes ou des morceaux solidifiés d'expérience passée. Nous devrions renoncer une fois pour toutes à connaître le fond de nos sentiments, de nos craintes ou de nos désirs. Le psychologue ne peut se résoudre à une position aussi désespérée. Il retrouve la confiance nécessaire à son action quand on lui explique que notre vie psychologique consiste moins à accumuler dans un tréfonds mystérieux, à jamais inaccessible, toutes les expériences par lesquelles il nous est donné de passer qu'à organiser l'expérience elle-même selon un système de jonctions et de ruptures dont il est possible de prendre connaissance. Dans les variations superficielles de notre vie psychologique jouent assez de liaisons permanentes ou récurrentes pour qu'il soit permis de croire en la possibilité d'une vraie science de nous-mêmes.

Dire que la science de nous-mêmes est possible n'implique pas qu'elle soit facile et instantanée. Comme toutes les sciences, elle progresse de petites en petites découvertes, sans nous apporter jamais cette vue de soi, globale et définitive, que la théologie attribue à la divinité. Comme toutes les sciences aussi, elle est difficile. Peut-être l'est-elle davantage en raison de l'intérêt narcissique que nous avons à nous embellir. Cette difficulté supplémentaire n'est pas accidentelle. Elle tient au fonctionnement du système psychique lui-même. En effet, un des processus les plus importants qui s'y déroulent consiste à transformer des impulsions qui nous mettent en état de demande, de subordination ou d'infériorité à l'égard d'autrui, en sentiments de suffisance, en idées de grandeur, en exaltation de soi. Voilà une constante de notre vie psychique qu'en principe il est possible mais qu'en réalité il est difficile de reconnaître en soi. Pour en prendre conscience, il faut inverser le processus et obliger les sentiments orgueilleux à faire retour à leurs origines. Dans le système psychique de certains, la transformation narcissique est tellement automatique et impérieuse qu'elle rend à peu près impossible le mouvement inverse, opposant du même coup un obstacle insurmontable à une quelconque prise de conscience, toujours blessante pour notre amour-propre.

Comme on le voit, il faut distinguer conscience de soi et prise de conscience. De certains de nos semblables, nous disons qu'ils sont conscients de leur importance, d'autres qu'ils sont conscients de leur insignifiance. Les uns et les autres savent ce qu'ils font, ce qu'ils sentent, ce qu'ils pensent et ce qu'ils désirent. La différence ne réside que dans l'appréciation, élogieuse ou dévalorisante, qu'ils portent sur ce qu'ils connaissent d'eux-mêmes. Ils se ressemblent par le fait qu'ils sont, souvent d'une manière aiguë, conscients d'eux-mêmes, de leurs actes, de leurs sentiments, de leurs pensées, de leurs désirs. Mais ce fait n'a rien à voir avec une prise de conscience. Pour que celle-ci s'amorce et s'effectue, il faut d'abord que le sujet s'appréhende comme système psychique, c'est-à-dire comme le lieu d'un certain nombre de transformations, ensuite qu'il réussisse à opérer dans ce même système une transformation inverse de celle qui soutient la conscience exacerbée qu'il a de soi. Personne ne pensera sans doute que ces deux conditions se réalisent facilement, comme à volonté.

Par ailleurs, quand une prise de conscience réussit à s'effectuer, le bénéfice est important. On en doute d'habitude. On se connaît déjà si bien, dit-on, sans qu'on ait supprimé une difficulté ou une angoisse! On nous a déjà expliqué tant de choses sur nous-mêmes sans que nous n'ayons éprouvé aucun changement! Ces réflexions désabusées témoignent encore une fois de la confusion entre la conscience de soi et la prise de conscience. A la limite, une prise de conscience n'apporte à la conscience du sujet aucun élément, disons aucune matière nouvelle. Elle découvre des rapports cachés. Elle instaure des transformations psychiques nouvelles, qui viennent interférer avec les anciennes pour en affaiblir le caractère contraignant ou pour les contrebalancer. Celui qui a réussi, ne fût-ce qu'une fois, à inverser la transformation que j'ai appelée narcissique et à remonter d'un sentiment de suffisance au fait d'une déception n'est plus le même être. Il a ajouté au fonctionnement de son système psychique une nouvelle opération, une nouvelle transformation, sans qu'il y ait nécessairement un accroissement du contenu de la connaissance de soi. L'importance d'une prise de conscience ne peut donc être appréciée à sa juste mesure qu'à la lumière d'une conception systémique et transformationnelle du psychisme.

Ce qui rend les gens sceptiques sur l'importance et l'utilité d'une prise de conscience, c'est aussi une déception. Ils voulaient une théorie psychologique qui leur donnât instantanément toutes les prises de conscience dont ils ressentaient le besoin. Ils ne l'ont pas trouvée et pour cause! Amers, ils s'en sont allés, dénigrant injustement et tout à la fois les théories psychologiques qui n'ont pas pu faire les miracles qu'ils en attendaient, et les prises de conscience qui n'ont pas eu lieu.

Même une théorie psychologique de la prise de conscience ne donne pas de recettes. Elle ne peut être qu'une préparation lointaine au travail de ceux qui y voient le moyen de résoudre un certain nombre de problèmes psychologiques et qui doivent trouver dans une conception générale du psychisme l'inspiration ou le principe des techniques qu'ils emploient.

Ainsi, se forcer à penser le psychisme comme système est une excellente préparation à la portée de tous les psychologues et de tous les psychiatres. Elle peut notamment les aider à se défendre contre les ambitions mystiques qui risquent de pervertir leur travail. Quand ils se seront habitués à l'idée que les souffrances dont on vient les entretenir sont le fait de systèmes organisés, où les éléments en jeu sont nombreux, ils penseront plus à trouver et à dénombrer ces éléments qu'à partager trop émotionnellement les peines qu'on leur exprime; au lieu de rêver d'une manière suspecte à une communion salvatrice, ils chercheront à comprendre comment les choses se passent et fonctionnent dans l'espace intérieur du sujet. De surcroît, n'ayant plus sur l'âme le préjugé tenace qui la considère comme fluide, ils ne se laisseront ni tromper ni décourager par la variété des mouvements apparents, ils resteront à l'affût des points de repère, des lignes de jonction, des plans de clivage. Enfin, ils ne chercheront plus, comme dans toutes les méthodes directives traditionnelles, à canaliser un flux, mais à libérer ou à amorcer des processus de transformation.

# CHAPITRE V

# LA RÉALISATION HALLUCINATOIRE

Existe-t-il des conditions psychologiques où le sujet est animé d'intentions, de sentiments, d'émotions sans être en état, en mesure ou en train d'en prendre conscience? Si nous confondons conscience de soi et prise de conscience, nous devons le nier. Il est impossible en effet qu'un sentiment ne soit pas senti, qu'une émotion ne soit pas éprouvée, qu'une intention ne soit pas entretenue. Il serait donc impossible que tous ces phénomènes apparaissent dans un psychisme ou à l'intérieur d'un corps sans qu'ils soient du même coup l'objet d'une prise de conscience. A vrai dire, quand on assimile ainsi conscience et prise de conscience, on rend inutile cette dernière expression, on se borne à constater par un énoncé tautologique qu'un certain nombre de phénomènes psychiques sont appréhendés par une perception interne appelée conscience, on supprime le problème en supprimant la nécessité d'imaginer un itinéraire entre un point de départ et un point d'arrivée. Tout serait donné dès l'expérience de l'émotion, du sentiment ou de l'intention. Rien ne pourrait plus s'y ajouter. L'expérience serait d'emblée connaissance de soi.

Postuler l'identité de l'expérience *en* soi et de la connaissance *de* soi, supprimer le décalage entre l'une et l'autre, c'est ne prendre en considération que l'état terminal de l'évolution ou de la maturation, celui où le sujet connaît le lieu des expériences, sait quand elles ont lieu en lui, quand elles ont lieu en autrui et fait la différence entre ce qui se passe en lui et ce qui se passe en autrui.

Néanmoins, dans certaines conditions psychologiques, il est manifeste que la localisation et le partage objectif des expériences font défaut. Le premier exemple est celui du rêve. Ce que le dormeur éprouve, que ce soit comme émotion, comme sentiment, comme disposition, tous éléments qui font partie de ce que nous appelons l'expérience intime, se trouve dispersé sur des personnages multiples et variables, le rêveur étant éventuellement l'un d'eux, les relations agressives ou bienveillantes qui se nouent entre eux étant l'expression scénique des rapports qui se jouent entre les différents objets d'investissement du sujet. La théorie psychanalytique voit dans le rêve l'accomplissement, plus ou moins angoissé, plus ou moins dangereux, de nos désirs refoulés. Elle conduit à une interprétation qui consiste en la récupération par le sujet des éléments d'expérience intime qui dans le rêve se trouvaient dispersés, externalisés, détachés du sujet. Or, si nous sommes si réticents à accepter cette théorie et cette pratique, ce n'est pas seulement à mon sens à cause de l'action d'une censure qui ne pourrait en accepter le principe, sans encourager du même coup un décryptage dont elle ne voudrait pas, mais à cause de la nature même du rêve, expression décentrée de ce qu'il arrive au sujet d'éprouver. Les tensions psychiques qui restent actives dans le sommeil ou qui le redeviennent s'expriment par le rêve sous la forme d'apparitions, de représentations où les acteurs, le rêveur y compris, sont faits avec des résidus perceptifs, sans inspirer ou programmer une action utilisant les ressources de l'information objective. Tant que le sujet rêve, ses tensions psychiques sont comme des catalyseurs invisibles qui viennent raviver telle ou telle trace mnésique, opèrent dans un espace infini et produisent des figures fragiles, fantomatiques, au hasard de leurs rencontres avec des éléments résiduels. C'est la poussière des chemins déjà parcourus qui scintille et prend toutes sortes de figure au contact ou dans la proximité des tensions psychiques.

Si la description objective de ce qui se passe dans le rêve a toujours quelque chose de poétique, c'est en raison de ce caractère d'irréalité qui le rapproche de la littérature et de l'illusion scénique. Ainsi prenons le mot d'apparition. Il est particulièrement propre à indiquer comment, sous l'action des tensions psychiques, des figures apparaissent qui les incarnent sans être extérieures comme le sont à nous, dans la vie éveillée, les objets et les autres personnes, figures qui n'ont qu'un semblant d'extériorité, pour le simple motif que le rêveur ne se perçoit pas lui-même réellement. Quand il intervient dans le rêve, c'est aussi comme personnage irréel, il a ce même semblant d'extériorité. En dehors de cette présence fantomatique, on ne peut pas dire qu'il soit présent à soi. Il est comme fasciné par le spectacle, dans la complète ignorance que celui-ci est son œuvre ou l'œuvre des tensions qui le travaillent.

Il serait faux de croire, comme le donnent à penser certaines expressions provisoires de ma description, que chaque personnage du rêve incarne tout simplement un aspect du psychisme du rêveur. Une telle théorie serait simpliste et conduirait à une technique interprétative qui ressemblerait à l'usage d'un passe-partout. Pour l'écarter, je veux expliquer plus clairement ce que je signifiais par la poussière des chemins déjà parcourus. Les événements que nous vivons laissent des traces en nous : c'est le fait de la mémoire. Dans ces résidus, il n'y a pas seulement l'image des personnes que nous avons rencontrées, mais la persistance des sympathies, des haines, de l'amour, de l'envie, des frustrations et des satisfactions que nous avons connus en les fréquentant. C'est tout ce matériel mnésique qui se trouve ravivé et reconstruit, comme dans une œuvre originale, sous l'effet de la tension psychique du moment. Le passé est réutilisé pour le jeu des tensions. Il y perd ses coordonnées réelles pour un nouvel ordonnancement, plus expressif, plus conforme aux dispositions qui cherchent à se faire jour.

Une autre expression que je me suis autorisée est celle d'espace infini. J'ai parlé des tensions psychiques comme d'éléments invisibles, opérant dans un espace infini. Il ne s'agit pas là d'une métaphore. Avant l'entrée en jeu des processus de la prise de conscience, dans la figuration onirique, les éléments de l'expérience intime cherchent à s'exprimer en ravivant des traces mnésiques, mais celles-ci, avons-nous vu, sont dégagées des coordonnées spatio-temporelles de leur origine perceptive. Elles sont à l'état libre. Elles ne sont pas liées, comme disait Freud dans ses premiers écrits. Absence de coordonnées, possibilité de combinaisons indéfinies, fragilité des configurations instantanées, jeu très libre d'associations et de dissociations, de rapprochements et d'éloignements, instabilité des distances, ces attributs ne donnent pas seulement aux traces mnésiques une admirable aptitude à figurer les métamorphoses de la tension psychique, ils fondent aussi, si on peut dire, cet espace infini de nos rêves, cette absence de limites qu'on attribue à juste titre à nos pulsions quand elles ne se réalisent pas dans la programmation d'une action.

Il est difficile à un sujet éveillé de récupérer le sens de ses rêves, non seulement parce que les éléments psychiques qui s'y réalisent sont condamnables, mais parce qu'ils s'y réalisent sur un mode irréel, dans une fascination d'autant plus forte et d'autant plus aliénante que le rêveur, toujours endormi, ne dispose pas encore des fonctions qui lui imposeront la présence d'une réalité extérieure à lui. Mais l'interprétation d'un rêve est-elle vraiment une récupération, c'est-à-dire une rentrée en possession d'un bien propre, qu'on aurait perdu dans les distractions du sommeil? Je crois que c'est ainsi qu'on la comprend d'habitude, comme si le sujet avait déjà une connaissance de ses dispositions, la perdait périodiquement chaque nuit, à cause d'un abaissement de la vigilance, et pouvait ensuite, avec un petit effort, la retrouver parmi les débris du rêve. C'est mettre la charrue avant les bœufs. C'est mettre en avant ce qui ne vient qu'en après. Alors l'interprétation des rêves serait un jeu futile ou un jeu de société. On s'amuserait à retrouver à travers un hiéroglyphe ce qu'on posséderait et connaîtrait déjà par avance. En réalité, les dispositions psychiques qui cherchent à se faire jour dans l'espace infini du rêve, on n'a pas commencé par les posséder à la lumière du jour, pour les perdre ensuite dans les fictions aliénantes du rêve. Un de leurs premiers modes d'existence et d'apparition est celui du rêve, où elles se manifestent non comme le fait d'un sujet constitué, mais comme la trame d'une histoire possible. Quand, dans l'après-midi qui précéda le fameux rêve d'Irma[1], Freud perçut dans les propos de son confrère et ami, Otto, une pointe de doute à l'endroit de ses théories sur l'hystérie et de la thérapeutique psychologique qu'il y appliquait, il ne songea pas à se défendre, il ne sentit pas en lui le désir de se venger de ce doute inadmissible de la part d'un ami. Tout au plus ressentit-il un léger malaise intérieur. C'est pendant le sommeil, que celui-ci se développa, qu'une dis-

---

[1] FREUD S., *Traumdeutung*, G.W., II/III, pp. 110-126 (trad. franç. MEYERSON et BERGER, *L'interprétation des rêves*, Paris, P.U.F., 1967, pp. 98-112).

position procédurière devint active, produisant des histoires où il était question d'échecs thérapeutiques, de fautes professionnelles, de médecins ayant une conscience professionnelle, d'autres n'en ayant pas, de piqûres faites dans de bonnes ou mauvaises conditions, de vie, de mort et de maladie. C'est seulement à la faveur de l'interprétation, que ces histoires révélèrent leur trame ou leur style, celui d'un plaidoyer inspiré par le désir de se défendre de l'accusation que Freud avait sentie la veille entre les paroles de son ami. La disposition procédurière, il ne la possédait ni ne la connaissait au moment de l'entretien amical. Elle ne se mit à exister qu'en devenant opérante. Elle ne devint opérante qu'en ordonnant un certain nombre de souvenirs appropriés, dans un ensemble de scènes fictives, dont le caractère procédurier était comme gratuit et ne pouvait se rattacher à l'événement qu'au prix de l'éveil et de l'interprétation. C'est par le rêve et son interprétation, que la disposition psychique, née d'une rencontre, cessait d'exister à l'état de simple malaise indifférencié et obtenait le statut d'une tendance consciente à se défendre contre les soupçons d'un ami. Ainsi comprise, l'interprétation des rêves devient une chose sérieuse, un travail qui se situe dans la ligne de développement de nos dispositions psychiques : par le rêve, celles-ci passent d'un état premier de malaise à un état second, celui où elles sont la trame d'une histoire, mais d'une histoire qui nous reste étrangère; par l'interprétation du rêve, elles passent du second état à un troisième, en se révélant comme étant *notre fait*.

J'entends l'objection qui peut surgir ici. Ne sommes-nous pas conscients de l'existence en nous de nombreuses dispositions psychiques sans être passés par l'interprétation de nos rêves, sans nous être soumis à une psychanalyse? Il y aurait de la mauvaise foi à le nier. Cependant des réserves s'imposent. D'abord, les dispositions sont souvent de fausses dispositions construites artificiellement, à partir de modèles convenables. Ensuite, nous ne sommes jamais conscients que d'une partie de nos dispositions ou plus exactement nous ne sommes conscients de nous-mêmes que dans les moments de notre vie psychologique où les dispositions éprouvées sont recevables. Dans ceux où elles sont plus inconvenantes, nous nous bornons à enregistrer un malaise auquel nous cherchons à échapper par toutes les stratégies de la distraction. Enfin et surtout, l'objection oublie que l'interprétation est, dans le cours de la vie humaine, un travail qui ne s'exerce pas seulement sur les rêves et dans le cadre d'une psychanalyse, mais qui a commencé dès le plus jeune âge, notamment à l'occasion des multiples jeux de l'enfance et de l'adolescence, jeux sur lesquels nous reviendrons ultérieurement, mais que nous pouvons dès maintenant et d'une manière provisoire considérer comme une interprétation tâtonnante des dispositions psychiques qui animent les êtres humains dans leurs relations à eux-mêmes et aux autres. Le jeu n'est qu'un exemple parmi d'autres du travail psychique par lequel les réalités internes sortent de leur invisibilité pour prendre une forme qui les rende perceptibles, saisissables et communicables. C'est seulement quand ce travail d'interprétation spontané, qui n'est autre, sans doute, que celui de la maturation psychique, s'est avéré insuffisant ou mal orienté qu'une psychanalyse pourra s'imposer, qui utilisera des techniques particulières visant à débloquer le processus maturatif.

L'interprétation des rêves est utile, voire nécessaire, quand elle s'insère dans les multiples opérations d'un travail thérapeutique. Elle consiste alors à reprendre le processus maturatif au niveau où il s'est arrêté, en ce point précis où les dispositions psychiques doivent passer de leur état halluciné à un état plus réel, où sans apparaître encore au sujet comme ce qu'elles sont en dernière analyse, à savoir son fait, elles s'expriment autour d'objets extérieurs comme autour de leur enjeu. De ce passage, il est prématuré de parler maintenant. Un chapitre entier y sera consacré. Présentement, fidèle à la méthode pathologique, j'ai commencé à décrire des conditions psychologiques qui contrastent le plus avec celles où la prise de conscience s'opère facilement et fréquemment. Une de ces conditions m'a paru être le rêve.

*
*    *

Maintenant, au lieu d'aller au-delà du rêve, vers des états où nous subissons moins passivement notre condition psychique, voyons plutôt s'il est des états qui se situeraient en deçà de lui: le sujet existerait encore moins en tant que tel, il ne s'éprouverait que comme une espèce de vide infini, les tensions psychiques y joueraient comme des forces pures, toutes-puissantes, non pas extérieures à un témoin, mais les unes aux autres, ne s'incarnant dans aucun personnage, dans aucun souvenir, ne s'insérant dans la moindre histoire.

Que peut être une manifestation de nos dispositions psychiques qui soit antérieure à toute organisation mentale, même à celle qui s'effectue dans le sommeil à la hauteur de nos rêves? Le temps semble venu pour la psychologie de reprendre et d'approfondir sa connaissance du fonctionnement psychique à la lumière du témoignage de ceux qui ont fait l'expérience des hallucinogènes et ont réussi à nous en donner une description.

Un des témoins les plus lucides et les plus objectifs de ces expériences est Henri Michaux. Il n'est pas seulement le poète qui a cherché et réussi à dégager la poésie de tous les restes d'un style anecdotique, à lui donner le pouvoir d'évoquer des tensions psychiques brutes telles qu'elles peuvent sévir en nous avant qu'elles ne soient maîtrisées et insérées dans les mailles d'une histoire épique, dramatique ou lyrique. Il est aussi l'expérimentaliste minutieux qui a essayé sur lui-même, non sans risque, un certain nombre de drogues pour en distinguer les effets. Ce qu'il éprouvait, il a cherché à le décrire, à l'écrire dans les moments les plus proches de son expérience, continuant à noter et à marquer des points de repère aussi longtemps que l'effet de la drogue le lui permettait, se remettant à noter dès qu'il sortait assez de l'état d'hallucination pour être capable de se servir à nouveau de la main et des mots. Enfin, sur toutes ses expériences de première main, c'est le cas de le dire, il nous a laissé un ensemble important de réflexions et d'observations critiques d'où peut partir une psychologie soucieuse de mieux comprendre le fonctionnement psychique.

Qu'on me laisse transcrire, de cet auteur, une page que je trouve digne de figurer dans une anthologie des meilleurs textes contemporains de psychologie scientifique, bien qu'elle ait été écrite innocemment, sans le souci, toujours un peu suspect, de construire une théorie : « *Il se passe trop de choses autour de moi. Le soir est venu. Des lampes ont été allumées. Pas trop. Suffisamment. Comme d'habitude.*

*Je vois venir vers moi des mains vengeresses. Elles s'agitent, menaçantes.*

*Pleines, archipleines d'énergie, d'opposition.*

*Par saccades elles se tendent, s'avancent, me désignent, me visent avec indignation.*

*Ardentes, affolantes, intolérables, sans cesse se reprenant et se tendant à nouveau vers moi.*

*Ce groupe, qui m'en veut tellement, ne me laisse pas de répit.*

*Fasciné d'abord, je fais ensuite ce que je peux pour ne plus les voir, et me soustraire aux mains, et aux accusateurs. Mais je les rencontre, sur ma droite, tantôt ici tantôt là. Il m'est difficile de me distraire et de faire comme s'il n'y avait pas en train cette furieuse et enragée accusation contre moi.*

*Pas commode.*

*Y étant arrivé (pas complètement, pas tout le temps), récupérant petit à petit, point par point, mon « moi » normal, mon moi d'avant, des réflexions commencent à me venir. Des envies de saisir, de mieux les observer, ces ennemis, pour savoir ce qu'ils font exactement, de quoi ils ont l'air.*

*D'entrée j'ai été désaffermi, rejeté, bousculé, à les voir si attaquants, si furieux, et revenant sans cesse à la charge, et toujours aussi violents, et hostiles — presque enragés. (ils devaient bien avoir une raison. Laquelle?)*

*Enfin, il faut les observer — accepter qu'ils reviennent.*

*Soit. A l'instant, comme arrachés du noir par un fil élastique, les voilà remis en place, et de nouveau à faire les indignés, à me poursuivre de gestes et sans doute d'imprécations, mais que je n'entends pas. A nouveau je subis le choc, et mes forces sont entamées. Mais le répit m'a permis de comprendre qu'il fallait coûte que coûte observer. M'en tenir là. Pas flancher.*

*Et alors je commence — non pas tant à les mieux voir — (ce n'est jamais qu'un groupe aux éléments peu séparables, non identifiables) mais — ce qui m'avait échappé — à observer leur style, un style qui donne à penser.*

*Ces mains acharnées, ces bras tendus violemment, ces menaces, c'est en somme d'un type peu naturel, et plutôt comme on menace dans l'opéra italien, ou dans certains grands tableaux romantiques à sujet historique. Ce sont des mains pour être vues menaçantes, mains-types pour spectacle de menace, pas des mains qui voudraient, moi, me menacer. A coup sûr, elles vont dans ma direction ou à peu près, mais très théâtrales, trop théâtrales pour convenir à ma simple personne, pour s'adresser efficacement à quelqu'un comme moi. Me maudire en cadence avec des gestes si excessifs, si éloquents, s'être mis en groupe (groupe bien formé, bien réussi, trop réussi) pour me poursuivre de malédiction... c'est beaucoup. Sans doute, j'ai d'abord été atterré.*

*Maintenant je remarque qu'ils ne sont pas convaincants. Ces superbes attitudes mélodramatiques, pour s'adresser à moi et me convaincre de vilenies... Je devrais être surpris d'avoir marché. Le vrai problème c'est que j'ai marché. Je dois obscurément le sentir mais je ne le saisis pas encore. Par contre, je vois plus clairement les imperfections du groupe qui me poursuit. On dirait un groupe animé n'ayant qu'une ou plutôt deux attitudes. Et indubitablement l'attitude de menace et celle d'indignation, d'hostilité. En cadence, et sans se rapprocher. Ne me laissant pas souffler. Me poursuivant, tantôt plus à droite, tantôt plus vers le centre, me chassant... sans me chasser.*

*Etre persécuté, cela ne se produit que si l'on se laisse juger par autrui, par un « sur-moi » fait d'autrui. Il y a longtemps que je refuse ce droit à autrui. Qu'est-ce qu'ils savent donc, ces jugeurs? Pourtant, « poursuivi », c'est comme « persécuté ». Qu'est-ce qui se passe? Je sens bien que je ne suis pas si intégralement moi que d'habitude, et qu'il ne s'agit plus seulement du fait d'avoir lâchement (?) pris du « librium ».*

*Peut-être même que je me sens « pas en règle ». Sans avoir fait une promesse formelle de ne plus jamais prendre un hallucinogène, j'ai, pour tranquilliser quelqu'un qui m'est cher, montré que c'est tout à fait dépassé, et que pratiquement je n'en prends plus. Quoiqu'il n'y ait pas eu d'engagement... Il reste que je me fais peut-être des reproches vis-à-vis d'elle qui ne m'en ferait pas réellement, étant trop délicate, y puiserait quelque inquiétude. En son nom, j'ai dû m'en faire, c'est-à-dire m'en tourmenter, c'est-à-dire me poursuivre de reproches, car c'est toujours*

plusieurs *les reproches. Plusieurs aspects, plusieurs fa-
çons, et il y eut... poursuite. Du danger de n'être pas
irréprochable. J'ai donc vu des mains, les mains qui me
poursuivent, persécutrices. La folie haschichine, comme la
folie naturelle, est tout de suite aux excès, aux attitudes
dramatiques, au mélodrame, surexcitée, expressionniste.*

*Me sentant vaguement répréhensible, j'en ai fait la théâ-
tralisation.*

*Ne jamais prendre de drogue quand on se sent en dé-
faut.*

*La persécution suivra. Elle est la théâtralisation de l'au-
toréprimande.* » [1]

Est-il nécessaire de commenter un texte aussi clair?
Qu'il me suffise de souligner la parenté de ces mains persécutrices, vengeresses, menaçantes, pleines, archipleines
d'énergie, d'opposition avec les objets internes persécu-
teurs' de la théorie psychanalytique!

Il est remarquable que l'auteur relie spontanément l'apparition des mains persécutrices à l'action d'une auto-
réprimande. C'est une interprétation que nous n'avons aucune raison de mettre en doute et sur laquelle il est par
conséquent légitime de se fonder pour réfléchir aux rapports d'une disposition psychique avec ses premières manifestations mentales. A proprement parler, un reproche
qu'on se fait à soi-même n'est pas une disposition psychique. C'est une conduite mentale. Elle s'effectue comme
telle au terme d'une série de transformations dont les premières sont invisibles et imperceptibles, sauf dans un état
comme celui où se trouvait l'auteur sous l'effet du has-
chich. C'est à l'état conscient, quand il est revenu de ses
hallucinations ou dans les interstices de lucidité qui pouvaient subsister entre elles, que Michaux peut parler en
connaissance de cause du reproche qu'il se faisait d'avoir

[1] MICHAUX H., *Les grandes épreuves de l'esprit*, Paris, N.R.F., 1966, pp.
74-77.

cédé à son attrait toxicomaniaque et risqué ainsi d'inquiéter une personne qui lui était chère. Au moment de prendre l'hallucinogène, il est possible, peut-être même probable, qu'il ait éprouvé un malaise à l'idée de l'inquiétude qu'il risquait de susciter. Le reproche n'existait qu'à l'état de disposition psychique et non comme conduite mentale achevée. Si j'ose émettre cette hypothèse, c'est à la lumière des nombreux exemples de la vie courante et de l'expérience clinique où le sujet ne peut dire que dans un temps second et à une distance parfois très longue ce qu'au départ il éprouvait seulement comme un malaise inarticulé. Mais si on veut écarter l'hypothèse, on peut au moins admettre qu'au moment où l'auteur commence à sentir sérieusement l'effet de l'hallucinogène, il n'effectue plus aucune conduite mentale qui ressemble à une auto-réprimande. Celle-ci n'existe plus alors que sous la forme d'une disposition. D'une disposition à quoi? A quelque chose qui sera, quand il aura déployé tous ses effets dans un organisme en possession de ses moyens, une conduite mentale et verbale.

L'enjeu de la discussion qui ne cesse d'opposer en psychologie le behavioriste et le psychanalyste, c'est, à mon sens, la disposition psychique. L'un et l'autre s'accordent facilement sur l'existence de conduites mentales, transpositions anticipées ou rétroactives de conduites motrices. Leur désaccord porte sur l'existence de dispositions psychiques. Pour ma part, je comprends le scepticisme du behavioriste, quand ces dispositions, on les lui explique comme si elles étaient les doublets d'un instinct, des ressorts permanents n'attendant qu'une occasion favorable pour se détendre, des réalités subsistantes, accouplées les unes aux autres et se mettant à fonctionner mécaniquement à la moindre stimulation extérieure. Je comprends moins qu'il puisse, ce behavioriste, nier le fait que dans chaque moment de notre vie éveillée, des circonstances extérieures, par exemple la parole de quelqu'un ou son simple froncement de sourcils, puissent instaurer en nous des dispositions qu'au départ nous ne connaissons guère, sinon, comme je l'ai dit souvent, par un malaise indifférencié et dont beaucoup avortent en quelque sorte sans arriver à aucune action, ni même à aucune expression mentale dont le langage puisse se saisir. Si dans ces pages je parle plus souvent de dispositions psychiques que de pulsions [1], terme consacré, ce n'est pas par le souci d'être original, mais parce que un terme consacré se prête plus facilement aux réifications mentalistes. Parler de dispositions m'a paru offrir l'avantage de renouveler un vocabulaire trop commode, celui aussi de pouvoir introduire la notion, capitale à mes yeux, de moment. J'ai souvent utilisé l'expression de «*dispositions du moment*». Notre vie psychologique est scandée de moments, ce que Freud exprimait en invoquant le couple tension-décharge, ce qui peut se formuler aussi par le couple apparition-disparition de telle ou telle disposition psychique, dans l'une ou l'autre des conjonctures de notre vie.

En métapsychologie psychanalytique, on s'est souvent demandé, Freud le premier, si la pulsion était un phénomène somatique ou psychique. La même question se pose évidemment, puisqu'il s'agit dans mon esprit de la même chose nommée en d'autres termes, des *dispositions* que nous posons au départ des transformations mentales qui conduisent à la prise de conscience. Nous les avons souvent appelées et nous continuerons encore à les appeler : psychiques, non pas que nous ignorions ou voudrions ignorer qu'elles naissent des profondeurs de l'organisme, mais parce que nous les voyons, pour employer l'expression proustienne, du côté du psychisme, du côté des transformations mentales qu'elles

---

[1] J'aurais pu parler de «*motions pulsionnelles*» *(Trieberregungen).*

peuvent amorcer et qu'elles amorcent souvent jusqu'à déboucher dans la pensée consciente.

Pour construire une théorie de la prise de conscience, je considère qu'on peut partir des dispositions psychiques en tant que telles, se les donner comme une possibilité acquise, prendre le moment où l'une d'elles apparaît comme le moment de base ou le moment fondamental, sans qu'il soit nécessaire de l'expliquer lui-même ni de rendre compte de ses soubassements physiologiques ou génétiques. Ces dernières tâches reviennent à d'autres disciplines de la psychologie scientifique. Essayer tout à la fois, c'est risquer de ne rien faire du tout. Pour être féconde, pour être opératoire, pour conduire à une action raisonnée, une théorie doit se défendre contre un processus régressif à l'infini. Celui qui construit une voiture se sert de pièces qui ont été usinées dans d'autres ateliers, par d'autres ouvriers qualifiés. Une théorie de la prise de conscience qui soit en mesure de préparer à une action thérapeutique, qui soit autre chose qu'un jeu spéculatif, qui mette le psychologue en état de mieux écouter son client et de mieux l'aider dans sa propre recherche de soi, doit éviter, me semble-t-il, de remonter de question en question jusqu'au fonctionnement de la cellule primitive. Si elle cédait à ce mouvement de régression logique, elle finirait par mettre le psychologue dans une position tellement contemplative ou spéculative qu'il n'aurait plus qu'à se taire devant le mystère des origines.

La difficulté réside dans le choix du point de départ. Toutefois, pour une théorie de la prise de conscience, elle n'est pas très grande. Il suffit de se demander de quoi un individu cherche à se rendre compte quand il veut se connaître mieux, de quoi il cherche à prendre possession quand il veut arriver à un meilleur contrôle de soi, de quoi il cherche à se libérer quand il se sent emprisonné en lui-même. D'une manière générale, on peut dire que tout effort de prise de conscience vise des dispositions psychiques telles que l'amour, la haine, la jalousie, l'envie, la peur, la crainte, l'anxiété, l'angoisse et autres phénomènes apparentés. C'est donc de ces dispositions, plus exactement du moment où elles naissent ou commencent à devenir opérantes que doit partir une théorie de la prise de conscience.

Certes, il n'y aurait à construire aucune théorie de ce genre si les dispositions psychiques apparaissaient en nous à l'état achevé de conduites mentales et verbales, si elles naissaient de notre esprit toutes faites, tout armées comme Minerve de la cuisse ou du cerveau de Jupiter. C'est cette illusion qui fait croire à la plupart des hommes et même à beaucoup de psychologues, qu'en dehors des conduites mentales et verbales conscientes, il n'y a plus rien dans le psychisme, que sans elles, le psychisme n'est rien.

Les phénomènes hallucinatoires, comme ceux qui nous sont rapportés et décrits par Michaux, nous obligent à renoncer aux thèses absolues du behaviorisme. Ils nous montrent l'effet qu'exerce la disposition psychique d'un moment sur le clavier des traces mnésiques, bien avant que cette disposition ne se soit développée en une conduite, en une tendance achevée, repérée et nommée. Ils nous forcent à admettre qu'une disposition à … quelque chose puisse être opérante à l'intérieur de nous sans que nous soit encore connu le quelque chose à quoi on est disposé, entraîné. Ce que Michaux, dans la page citée, appelait l'autoréprimande n'existait pas comme tel, sous cette forme, dans l'état halluciné. Elle y existait et n'y existait que comme vision effrayante d'une multitude de mains persécutrices. Avant cette vision, elle n'existait qu'à l'état d'une vague disposition ou indisposition, d'un malaise inarticulé, impensé et innommé.

Le drame, au sens fort du terme, est qu'un certain nombre de ces dispositions psychiques à quelque chose peuvent ne jamais arriver à leur état achevé de désir ou de tendance, sans cesser néanmoins de scander notre vie, de nous travailler à certains moments, en suscitant des images plus ou moins persécutives ou en entretenant jusque dans notre vie éveillée des rêves ne perdant jamais leur caractère énigmatique. Mais il y a drame et drame. Si chez un sujet, au contact de la dure réalité, de violentes et fréquentes dispositions naissent qui ne peuvent dépasser l'expression archaïque de l'hallucination ou du rêve, on aboutit au drame psychotique ou névrotique. Quant au fait que toutes nos dispositions psychiques de tous les moments de notre vie ne peuvent pas devenir chaque fois l'objet d'une prise de conscience, il signe le drame de l'existence humaine, ce drame ou cette limite dont l'acceptation est probablement un des éléments de la santé mentale. Nous verrons plus tard comment il est possible à l'être humain de renoncer à une prise de conscience permanente et absolue, sans verser pour autant dans le drame psychotique ou névrotique. Pour l'instant, bornons-nous à repousser ou tout au moins à suspecter l'idée que la différence des destins ne viendrait que d'une différence de nature ou de constitution, comme si l'individu normal était tout à fait étranger à l'inflation psychotique ou à la restriction névrotique.

*
*   *

Dans la suite du texte de Henri Michaux, on trouve cette phrase prudente, mais lourde de sens : «*il n'est pas sot de dire que c'est l'hallucination qui rend fou et non pas la folie qui donne l'hallucination*» [1]. L'auteur exprimait ainsi l'opposition de deux théories, l'une qui est certainement le fait du sens commun, l'autre qui tend à être le fait de la psychopathologie scientifique d'aujourd'hui. Quand nous pensons spontanément, sans rigueur, d'une manière paresseuse, défensive, pour protéger notre équilibre et notre confort moral, nous estimons comme tout le monde, comme l'homme qu'on dit de la rue et qu'on interroge dans la rue, que l'hallucination

---

[1] MICHAUX H., *op. cit.*, p. 78.

est un effet de folie. Se le dire est rassurant dans la mesure où on croit à tort ou à raison qu'on n'est pas fou. En revanche, la science psychologique telle qu'elle se développe de nos jours tend à troubler notre belle et tranquille assurance, non pas en attribuant à chacun une maladie mentale plus ou moins latente, mais en faisant de l'hallucination une des possibilités de la condition humaine, parfois même une des bases sur laquelle se construirait plus ou moins péniblement, plus ou moins solidement, plus ou moins durablement, notre vie psychologique à tous tant que nous sommes. Je ne sais jusqu'où on peut aller dans ce sens sans aller trop loin. Est-il vrai que notre équilibre est un équilibre précaire, qui se soutiendrait à tout instant de son effort de lutte contre une activité hallucinatoire ne cessant de nous travailler sous l'action des dispositions psychiques de chaque moment? Je ne le crois guère. Il ne me semble pas, du moins dans les cas de bonne santé mentale, que le dépassement de l'inflation hallucinatoire soit une tâche ou une transformation à effectuer à chaque instant de notre vie psychologique. Mais ce qu'on peut admettre, c'est que le dépassement a dû se faire, dans le développement génétique de l'individu, à certaines phases critiques et qu'il peut sous la pression d'événements particulièrement difficiles à vivre être remis en question.

Les psychanalystes supposent non sans raison que les premières épreuves de soi dans la vie d'un individu ressemblent aux expériences décrites par Michaux dans le livre d'où j'ai tiré le texte cité plus haut, livre qu'il a intitulé : *les grandes épreuves de l'esprit*, et sous-intitulé : *et les innombrables petites*. La juxtaposition de ces deux expressions, l'une principale, l'autre accessoire, ne laisse pas d'être significative. Quand nous nous rapportons à la vie d'un jeune enfant de quelques semaines ou de quelques mois, nous parlons de ses petits chagrins, de ses ennuis mesquins, de la fraîcheur de ses exultations, de la sottise de ses cauchemars. Mais à y réfléchir, la peur qu'il ressent du méchant loup ou du méchant monsieur qui va l'attaquer par derrière, est-elle bien différente de la vision effrayante, chez l'adulte drogué, des mains qui l'assaillent de toutes parts? Bien qu'il nous soit difficile de savoir si l'effroi est moins intense ou moins théâtral dans un cas que dans l'autre, il est raisonnable de supposer qu'une même transformation psychique est en jeu de part et d'autre, qui a pour effet de présenter une disposition psychique naissante sous la forme d'un objet ou d'un personnage persécuteur. Il faut d'ailleurs se demander si le tout jeune enfant, avant l'apparition de la fonction symbolique et du langage, pourrait éprouver les dispositions psychiques qui naissent en lui et auxquelles on interdit la voie de décharge de l'action, autrement que sous l'apparence effrayante de forces et d'objets externes. En tout cas, quand je lis la description des états vécus par Michaux sous l'effet des hallucinogènes, je ne peux m'empêcher de penser à un certain nombre de ressemblances qu'ils ont avec les impressions de persécution, de morcellement, de dépression ou d'exultation que Mélanie Klein n'hésite pas à attribuer aux enfants, dans les moments les plus forts de leur récente vie.

Etre sous l'influence de tensions psychiques brutes, sans avoir la possibilité de les rattacher ni à des événements réels ni à la trame d'une histoire fictive, doit être terrible. Quand nous nous mettons en colère à la suite d'une agression dont nous repérons et connaissons l'origine externe, ce que nous éprouvons est tolérable bien que désagréable, nous n'en sommes pas terrifiés à moins que ne s'y mêlent précisément des soulèvements intérieurs d'origine ou de nature inconnue. Quand nous assistons à la représentation d'une tragédie, c'est avec agrément que nous sentons se succéder en nous des sentiments variés et parfois violents : nous savons qu'ils trouvent leur origine et leur articulation dans les péripéties du drame imaginé par l'auteur. Rattachées aux événements du réel ou aux accidents de l'imaginaire, nos dispositions ont un espace à l'intérieur duquel elles se limitent et se définissent.

Sans l'un ou l'autre de ces deux liens, on comprend qu'elles puissent devenir effrayantes, tout en ayant cette théâtralité dont nous parlait Michaux. On s'effraye de ce qu'on produit sans savoir qu'on le produit soi-même. Il ne serait pas juste de dire qu'on joue à se faire peur. Ce serait postuler une décision, une volonté. En réalité, au niveau souterrain et élémentaire où nous essayons de nous placer pour le moment, quelque chose joue qui fait peur, quelque chose opère qui effraye, quelque chose *se produit* qui est le résultat du contact entre une disposition psychique et une trace mnésique, *l'une étant comme le multiplicateur de l'autre*. Si aucune structure réelle ou imaginaire ne vient s'interposer, on ne voit pas quelle limite il pourrait y avoir à cette escalade, à ce renforcement mutuel, la disposition psychique avivant la trace mnésique apparentée, la trace mnésique augmentant la disposition. Le seul terme ne peut être que l'épuisement cérébral ou la mort psychique. Ce que le psychanalyste anglais, W. R. Bion, appelle l'*explosive projection* [1], la projection explosive, me paraît être l'état dont ma description tente de s'approcher et où il semble que l'effroi procède d'une absence de limites et l'absence de limites, d'une multiplication indéfinie de la trace mnésique par la disposition psychique, de la disposition psychique par la trace mnésique. Cette explosion projective, l'auteur la décrit comme étant «*paradoxalement si violente et accompagnée d'une peur si immense, la peur ou la panique psychotique, que le patient peut l'exprimer par un silence soudain et complet, comme pour aller à un extrême aussi éloigné que possible d'une explosion dévastatrice*».

Des peurs de ce genre, il est vraisemblable que les enfants en connaissent par intermittences, quand apparaissent en eux des excitations qui ne peuvent ni se liquider en action ni

---

[1] BION W. R., *Attention and Interpretation,* Londres, Tavistock Publications, 1970, p. 12.

se mentaliser (si on me permet ce néologisme) en raison de l'imperfection de leur appareil organique et cérébral. C'est probablement aussi à cause de l'appréhension de voir surgir trop souvent des paniques internes de cette sorte que le psychotique développe son système délirant ou sa cuirasse caractérielle. Nous pouvons même nous demander si dans la vie de chacun de nous, le cauchemar ne serait pas une expression momentanée, à la faveur du sommeil, de cette expérience primaire et effrayante de nos dispositions psychiques. Ces exemples donnent à penser que l'hallucination est un phénomène universel, une expérience radicale d'où la folie procède, quand d'autres aménagements des dispositions psychiques sont impossibles, le deviennent ou le redeviennent. Quant à l'action des hallucinogènes, nous pouvons supposer que par l'artifice de certaines transformations chimiques dont il revient à la neurophysiologie de déterminer la nature et le lieu, les aménagements supérieurs sont rendus impossibles qui permettraient d'échapper à l'expression brute et archaïque de nos tensions intimes.

*
\* \*

Bien des questions se posent à propos de l'expérience hallucinatoire, pour la résolution desquelles la science d'aujourd'hui ne dispose sans doute pas encore des instruments ni des théories nécessaires. Un grand nombre d'entre elles échappent d'ailleurs à la compétence limitée de la psychologie. C'est ce qui m'autorise à ne pas traiter de la plupart d'elles et à me limiter au point de vue auquel j'ai décidé de me placer dans ces chapitres, celui d'une théorie de la prise de conscience. J'utilise simplement ce que nous savons déjà de l'expérience hallucinatoire pour découvrir ce qui la différencie, phénoménologiquement parlant, de la prise de conscience, et être ainsi mieux à même de voir ce que celle-ci a de particulier et suppose en fait d'évolution ou de maturation psychique.

Jusqu'ici, nous appuyant sur l'expérience hallucinatoire telle qu'elle est rapportée et interprétée par un témoin minutieux, Henri Michaux, nous avons mis en relief le fait qu'il semble y avoir, dans les productions hallucinatoires du drogué, des rapports étroits entre les dispositions psychiques du moment et le style des traces mnésiques ravivées. Nous avons vu que Michaux établissait une relation entre la multitude des mains persécutrices qui semblent le poursuivre et la tendance à se faire ce qu'on appelle en langage conscient et élaboré des reproches ou des réprimandes, tendance réveillée en lui par l'inquiétude qu'il craignait de susciter chez une personne qui lui était chère. Cette relation, vous serez peut-être tenté de la mettre en doute en raison d'une autre caractéristique des expériences hallucinatoires. On constate que les configurations psychiques y changent de moment en moment. Dans *Misérable Miracle,* où Michaux rapporte ses expériences sous mescaline, nous trouvons la description de certaines de ces métamorphoses, plus ou moins insensibles, plus ou moins brusques, où des couteaux éblouissants et immenses font place à des Himalayas effilés, plus hauts que la plus haute montagne, des Himalayas aux lettres « m » du mot *immense,* les jambages du « m » à des arches « *d'impensables et baroques cathédrales* », à « *des socs de charrue qui labourent un espace qui s'en fout* ». Les sentiments aussi se transforment les uns dans les autres, passant par exemple d'un frissonnement sans chair et sans peau à une douleur intérieure insupportable, de la douleur à une impression de grotesque, puis de nouveau à des sensations atroces, comme si on allait être assassiné implacablement par une blancheur sans compromis, un « *blanc fou, exaspéré, criant de blancheur. Fanatique, furieux, cribleur de rétine. Blanc électrique atroce, implacable, assassin. Blanc à rafales de blanc. Dieu du ' blanc '. Non, pas un dieu, un singe hurleur. (Pourvu que mes cellules n'éclatent pas.) Arrêt du blanc. Je sens que le blanc va longtemps garder pour moi quelque chose d'outrancier.* » [1] Ces métamorphoses pseudo-perceptives, accompagnées de transformations affectives, nous pourrions nous en emparer pour protester contre l'hypothèse d'un rapport entre les dispositions psychiques et les objets-affects hallucinés. En effet, s'il y avait un rapport, il faudrait supposer que les dispositions psychiques changent autant que les objets-affects, ce qui paraît bien déraisonnable et bien peu conforme à l'expérience que nous avons d'une certaine stabilité de nos tendances.

Pour répondre à l'objection, demandons-nous s'il n'est pas possible d'expliquer les métamorphoses de la configuration hallucinatoire, sans abandonner sur-le-champ, peut-être trop inconsidérément, l'hypothèse d'un rapport les reliant à l'action des dispositions psychiques. Ce n'est pas là faire preuve de dogmatisme, mais de cette expérimentation mentale qui conduit souvent à une meilleure observation ou interprétation des faits.

Toute réflexion faite, pourquoi ne pas admettre une certaine labilité des dispositions psychiques, du moins dans certains états artificiels, peut-être même dans les soubassements sur lesquels se construit toute vie psychologique, aussi normale et solide soit-elle? Il est vrai, à en juger par notre expérience commune, nous n'appréhendons en nous qu'un nombre assez limité de dispositions psychiques : à l'amour, à la haine, à l'envie, à l'angoisse ou à quelques autres expériences. Nos humeurs peuvent avoir de leur côté une permanence qui les étend sur plusieurs heures, sur plusieurs jours, parfois sur toute une période de vie. Mais tout de suite, la question se pose, surtout si on a l'habitude de penser en termes d'évolution : cette gamme limitée et toujours identique de dispositions et d'humeurs est-elle constitutive de notre psychisme ou est-elle le résultat final d'une réduction et d'une stabilisation, conquise au fil des années de maturation

---

[1] MICHAUX H., *Misérable miracle*, Paris, N.R.F., 1972, pp. 19-23.

sur une labilité fondamentale, sur un psychisme plus instable, plus passivement livré aux changements intérieurs? Notre histoire personnelle, marquée par des événements précis ayant eu pour effet de nous donner les lieux, les espaces et les rythmes qui nous définissent, ne fut-elle pas la suite d'une préhistoire errante où les conflits intérieurs se passaient sans laisser de traces et sans élaborer de compromis stabilisateurs, jusqu'au jour où nous pûmes nous servir des instruments de la délimitation : les choses, la pensée et les mots?

# CHAPITRE VI

# LA RÉALITÉ DU DÉSIR

L'expérience hallucinatoire comme le rêve montrent qu'un état de conscience aiguë peut aller de pair avec une absence presque totale de prise de conscience. Sous hallucinogènes, le sujet éprouve des émotions si vives qu'à leur propos on a pu parler de conscience transcendante, mais entièrement livré au leurre de ses perceptions, il ignore tout des dispositions psychiques qui les font apparaître. Dans le rêve, le dormeur est véritablement pris dans un spectacle ou dans une histoire où il lui est donné de vivre des situations avec une intensité souvent plus grande que dans les conjonctures de la vie réelle, mais sans connaître ni la raison d'être ni les arguments, au sens stylistique du terme, de ce spectacle ou de cette histoire, sans rien connaître par conséquent des forces ou des dispositions psychiques qui continuent à le travailler pendant son sommeil. Qu'il puisse donc y avoir des états psychologiques marqués par un contraste aussi manifeste, aussi paradoxal, entre l'intensité du « vécu » perceptif et émotionnel et la pauvreté de la connaissance de soi, est de première importance aux yeux de qui veut élaborer une théorie de la prise de conscience. Ce contraste prouve que pour passer du « vécu » au « connu », pour passer de la conscience à la prise de conscience de soi, il faut parcourir un long chemin, il faut que des transformations interviennent qui ne sont guère possibles dans l'état hallucinatoire ou onirique.

A vrai dire, l'appui que nous prenons sur l'expérience hallucinatoire ou le rêve pour justifier la distinction entre conscience et prise de conscience n'est peut-être pas aussi solide qu'il y paraît à première vue. Il semblera fragile à ceux qui restent attentifs aux fondements neurophysiologiques de la vie psychique. D'abord quant à l'expérience hallucinatoire, ils insisteront sur l'action chimique des hallucinogènes, ensuite quant aux rêves nocturnes, sur les phénomènes de synchronisation ou de désafférentation. On voit tout de suite la perspective jacksonienne dans laquelle se construira le modèle explicatif : les effets de la conscience protopathique se libèrent quand disparaissent les conditions neurophysiologiques de la conscience épicritique ou discriminative. Celle-ci n'étant plus possible, une quelconque prise de conscience est exclue sans que soient exclus les affects et les émotions qui relèvent de la conscience protopathique.

Même si nous avons de bonnes raisons pour accepter dans ses grandes lignes un modèle théorique d'inspiration jacksonienne, il reste encore à expliquer le rapport qu'il peut y avoir entre les conditions de la conscience discriminative ou épicriptique et les conditions de la prise de conscience. Il serait téméraire, nous semble-t-il, d'assimiler les conditions de celle-ci aux conditions de celle-là. Que la première soit une condition nécessaire de la seconde, c'est une hypothèse raisonnable, mais on ne peut pas s'y arrêter. D'abord, il faut comprendre alors le détail des mécanismes par lesquels la conscience discriminative opère pour faire passer un sujet non seulement des pseudo-perceptions de l'hallucination à la perception du monde extérieur, ce qui est sa première fonction ou celle qu'on lui a attribuée en premier lieu, mais encore de la conscience de soi à la connaissance de soi. Ensuite et surtout, la question reste de savoir si la condition nécessaire est aussi une condition suffisante.

Quant au premier problème que je viens de soulever, celui des mécanismes qui relient la prise de conscience à la conscience discriminative, j'espère que la suite y apportera quelques éléments de solution, notamment quand je pourrai aborder les concepts d'espace intérieur et de localisation des dispositions psychiques. Mais avant d'en arriver là, il est sinon nécessaire, du moins utile de nous attacher à l'analyse d'un certain nombre d'observations cliniques qui éclairent le second problème, dans la mesure où elles semblent prouver que la conscience discriminative n'est pas la condition suffisante de la prise de conscience, à moins d'en élargir la définition jusqu'à en faire une propriété si générale de la vie psychologique qu'elle n'explique plus rien.

Si nous n'avions pour opposer aux états psychologiques où la prise de conscience s'effectue dans les limites raisonnables et supportables que les deux expériences qui ont fait l'objet de notre précédent chapitre, celle de l'hallucination et celle du rêve, il serait assez légitime de considérer que conscience discriminative et prise de conscience sont des phénomènes sinon coextensifs, du moins contemporains, la première étant alors condition nécessaire et *suffisante* de la seconde, la première se muant inévitablement en la seconde à la faveur de circonstances contingentes et externes incitant le sujet à détourner sur soi un regard habituellement tourné vers le dehors. En d'autres termes, il suffirait d'être éveillé, de ne pas être sous l'action de substances hallucinogènes et de ne pas être dément, trois des principales conditions de la conscience discriminative, pour que la prise de conscience s'effectue spontanément, sans difficulté, sans réticence et sans résistance, dès l'instant que le sujet serait invité ou se sentirait enclin à s'observer et à s'analyser.

\*
\*  \*

Pour voir qu'il n'en est rien, prenons l'exemple d'un adolescent de seize ans, depuis deux ans interné dans un Institut psychiatrique, où le psychologue l'a pris en charge, non sans une certaine appréhension justifiée. En effet, la raison de son placement avait été sa tendance pyromaniaque. A deux ou trois reprises, dans l'institution où il était placé précédemment, il avait tenté de mettre le feu au pavillon qu'il habitait avec d'autres enfants sous la surveillance d'une éducatrice. La direction de la maison avait fini par estimer que sa présence était dangereuse et par demander son placement dans un Institut psychiatrique, celui où il se trouve maintenant et où il répéta encore une ou deux fois ses actes pyromaniaques, mais d'une manière apparemment plus inoffensive et plus symbolique. Actuellement, il sort régulièrement de l'hôpital pour se rendre dans une école d'enseignement spécial où l'on renonça vite à lui apprendre quelque chose pour le mettre à des corvées manuelles. Spontané, sympathique, il est bien accepté par les pensionnaires plus âgés de l'Institut. Certains le poursuivent de leurs troubles assiduités.

Perplexe, le psychologue apporte ce cas à notre séminaire de psychothérapie. Depuis deux ans, il voit le garçon à raison d'une heure à peu près par semaine. Il l'écoute, discute avec lui des mille et un petits problèmes de la vie quotidienne. Frappé par l'exubérance de son imagination, il le stimule à raconter des histoires qu'il met en forme avec lui et qu'il fait publier dans le journal de la maison à la grande satisfaction du jeune conteur. Les premières discussions dans notre séminaire tournèrent d'abord autour du problème nosographique — s'agissait-il d'un vrai débile ou d'un psychotique débilisé — ensuite autour des effets, positifs ou négatifs, que pouvaient avoir sur le développement du garçon les satisfactions narcissiques que le psychologue lui permettait de tirer de sa tendance à raconter des histoires. Sur ces questions, nous n'avons encore jusqu'à ce jour aucune réponse ferme et décisive. Pour y voir plus clair, le groupe demanda au psychologue le compte rendu aussi fidèle que possible de ses entretiens avec l'adolescent. Un premier essai de reconstitution d'entretien laissa le psychologue insatisfait : les allées et venues du dialogue étaient si déroutantes qu'il lui était difficile, voire impossible d'en rapporter l'essentiel dans l'ordre réel de succession. Il se servit alors de l'enregistrement magnétique, ce qui nous donna un entretien dont nous perçûmes d'emblée, dès une première lecture cursive, l'importance pour la compréhension du cas et de sa relation au psychologue. C'est le début de cet entretien que je veux commenter parce qu'il pose, sous un jour inattendu, le problème de la prise de conscience :

*Le garçon :* Regarde un peu (il enlève ses souliers).

*Le psychologue :* C'est comme une marque de souliers.

*Le garçon :* C'est comme les tiens, regarde un peu les miens.

*Le psychologue :* Il n'y a plus rien de marqué dans les miens.

*Le garçon :* C'est les mêmes que les tiens, hein?

*Le psychologue :* Dessus synthétique, c'est synthétique, ce n'est pas du cuir.

*Le garçon :* La marque, c'est comme les tiens?

*Le psychologue :* Je ne sais pas.

*Le garçon :* Regarde un peu le devant.

*Le psychologue :* Je ne sais pas.

*Le garçon :* Le devant.

*Le psychologue :* Ils sont bons, c'est fort la même chose, c'est toi qui as choisi?

*Le garçon :* Ouè!

*Le psychologue :* Pourquoi tu as pris des souliers comme les miens?

*Le garçon :* C'est les mêmes que les tiens?

*Le psychologue :* Oh oui! à peu près! Pourquoi tu as pris des souliers comme les miens?

*Le garçon :* Comme ça, je suis mieux avec des bruns, avec des noirs, non.

*Le psychologue :* Ah! tu prends mon bic!

*Le garçon :* Alors, c'est beau, dieu!

*Le psychologue :* Ah! ils sont fort beaux!

*Le garçon :* Mais tu n'as pas le tissu comme moi dans tes souliers.

*Le psychologue :* Non...

*Le garçon :* Du comme ça là.

*Le psychologue :* Je n'ai pas de tissu moi dans mes souliers. Tu es content d'avoir du tissu dans tes souliers?

*Le garçon :* C'est les mêmes que moi que tu as?

*Le psychologue :* A peu près!

*Le garçon :* Ah oui! presque les mêmes.

*Le psychologue :* Tu as choisi les mêmes que les miens!

*Le garçon :* Oui.

*Le psychologue :* Tu as demandé : je veux des souliers, comment tu as expliqué ça?

*Le garçon :* Comme André Lebas!

*Le psychologue :* Ils ne savent pas dans le magasin!

*Le garçon :* Oui! Mais, Madame N. (il s'agit de l'assistante sociale qui l'a accompagné pour faire l'achat des nouveaux souliers).

*Le psychologue :* Et Madame N. connaissait les souliers que je porte?

*Le garçon :* Oui, hein, elle savait.

*Le psychologue :* Ah! Ah!

*Le garçon :* Des tout bruns comme André Lebas? bon! j'ai dit oui.

*Le psychologue :* Tu peux circuler jusqu'à 8 heures du soir.

*Le garçon :* Oui, hein, dis.

*Le psychologue :* C'est pas mal.

*Le garçon :* Pas mal hein? De nouveau en pyjama.

*Le psychologue :* Ah bon! Pourquoi?

*Le garçon :* Je ne sais pas. Je rentre de l'école. En pyjama! tu dois me mettre.

*Le psychologue :* Ça dépend du personnel? ça dépend des gardes? ils décident?

*Le garçon :* (revenant à son sujet) : Les deux mêmes souliers !
   Les deux mêmes ! C'est *presque* les mêmes ? tu penses ?
   ou bien les mêmes ?

*Le psychologue :* Pas tout à fait les mêmes, presque les mêmes.

*Le garçon :* Comment vois-tu ça ?

*Le psychologue :* Je vois bien.

*Le garçon :* Je te montre encore ? (il remonte ses souliers).

*Le psychologue :* On peut regarder. Tiens, regarde, j'enlève
   mon soulier.

*Le garçon :* Regarde, c'est presque les mêmes, regarde.

*Le psychologue :* Tu les as payés cher ?

*Le garçon :* Humm !

*Le psychologue :* Combien tu as payé ?

*Le garçon :* Je ne sais pas, je ne sais pas.

*Le psychologue :* Ah ! tu ne sais pas compter !

*Le garçon :* Regarde, quand tu les vois là, tous les deux, un à
   côté de l'autre.

*Le psychologue :* Ils se ressemblent.

*Le garçon :* On se trompe de souliers, nous deux ?

*Le psychologue :* Ah ! on pourrait.

*Le garçon :* Et on pourrait se tromper, hein ! (rire important).
   Bon, maintenant, tu te trompes.

*Le psychologue :* Ça, je me trompe (de nouveau rire éclatant
   chez le garçon).

*Le garçon :* En tout cas, on a deux jumeaux, deux jumeaux,
   deux jumeaux.

*Le psychologue :* Et c'est toi qui a voulu qu'on soit deux
   jumeaux ?

*Le garçon :* Ouè ! Tu me donnes tort ?

*Le psychologue :* Ah oui ! Moi ? Je veux bien, on peut avoir les
   mêmes souliers, on peut se ressembler, hein ?

*Le garçon :* Oui, hein ? j'ai pris les mêmes que toi, c'est mieux
   avec ça. Les noirs, je les ai brûlés, dans le feu, tu sais, il y
   a un feu en bas à la ... près de la cuisine, tu sais bien ? où

ce qu'on met toutes les caisses, en face des caisses, il y a une porte, plus loin, plus loin.

*Le psychologue :* Je ne vois pas.

*Le garçon :* Plus loin que l'ascenseur, à côté de l'ascenseur, là, tu as, les, les, les toilettes,

*Le psychologue :* Oui.

*Le garçon :* Et après la cuisine, t'as un grand chauffage ous-ce que du feu dedans et des flammes. Et bien, c'est là que j'ai brûlé mes souliers.

*Le psychologue :* Ah! Ah!

*Le garçon :* Qu'est-ce qu'i vont devenir?

*Le psychologue :* Quoi? Qui?

*Le garçon :* Mes souliers.

*Le psychologue :* Tes vieux souliers?

*Le garçon :* Oui.

*Le psychologue :* Ils seront brûlés peut-être.

*Le garçon :* On va les jeter à la poubelle, ils seront peut-être brûlés. Tu vois, on a vraiment les deux les mêmes.

*Le psychologue :* Ça te fait plaisir qu'on soit deux mêmes.

*Le garçon :* Et toi?

*Le psychologue :* Ah oui!

*Le garçon :* Heureusement, c'étaient les dernières.

*Le psychologue :* Sapristi! tu es arrivé juste à temps.

*Le garçon :* J'ai dit comme ça : je veux comme André Lebas. Alors il dit : dépéchez-vous. C'étaient les derniers qu'il a. Je les ai pris. Heureusement.

*Le psychologue :* Ah oui!

*Le garçon :* Heureusement que je les ai pris! On reste jusque quelle heure ici avec toi?

*Le psychologue :* Sept heures et demie.

*Le garçon :* Jusque sept heures et demie, quand on sera en bas (?).

*Le psychologue :* Tu voudrais que ce soit jusque quelle heure?

*Le garçon :* Normalement, je dois rester jusque huit heures avec B ou je dois rester tout le temps avec toi, c'est mieux hein?

*Le psychologue :* Tu préfères rester avec moi ou avec B?

*Le garçon :* Avec toi!

*Le psychologue :* Ah oui! Pourquoi?

*Le garçon :* Je ne sais pas. Tu pars à quelle heure toi? Aujourd'hui? à huit heures?

*Le psychologue :* Aujourd'hui, je pars à huit heures, mais je dois voir quelqu'un d'autre que toi à sept heures et demie.

*Le garçon :* Ah! tu resteras plus longtemps.

*Le psychologue :* Je reste plus longtemps que Madame N, je reste plus longtemps que les autres.

*Le garçon :* Enfin! Heureusement que ... c'étaient les derniers!

*Le psychologue :* Heureusement que tu as de nouveaux souliers. Les autres n'ont pas duré longtemps : les noirs.

*Le garçon :* Non, mais ceux-là ne dureront pas longtemps non plus. Ils sont solides mais ils dureront longtemps ceux-là?

*Le psychologue :* Ils tiendront longtemps?.Tu dis qu'ils ne tiendront pas longtemps non plus.

*Le garçon :* Les vieux souliers, tu sais ce que je fais?

*Le psychologue :* Non.

*Le garçon :* Quand je rentre, je mets les vieux. Voilà, à la place de mettre les nouveaux, je mets les vieux, c'est mieux! hein?

*Le psychologue :* Oui, je crois que c'est une bonne idée!

*Le garçon :* Laissez les vieux là et je les mettrai pas pour aller à l'école, pour quand je vais à l'école, je les mets, je les mets, les vieux.

*Le psychologue :* Tu veux être beau pour aller à l'école. Est-ce que tu te laves les mains depuis la fois dernière? Mais tu as des cicatrices sur les mains, tu t'es coupé?

Ce n'est pas sans raison que le dialogue de ce début d'entretien peut faire penser à des textes de Samuel Beckett. C'est le même dépouillement dans le style, la même absence d'interprétations à la deuxième puissance, la même manière de tourner autour d'un objet commun — les souliers chez notre jeune garçon, les pierres dans les poches de Molloy [1] — la même présence lancinante de l'objet, qui devient comme un centre d'univers, comme un enjeu, à la fois dramatique et dérisoire, de la vie psychologique du moment, comme un pivot du dialogue et de la relation, qui paraît d'abord anodin, fragile et négligeable, mais qui finit par devenir solide en raison de l'accumulation ou de l'escalade des pensées et des mots qui s'échangent autour de lui. Après avoir entendu ce dialogue, personne n'oubliera plus les souliers du garçon ni le problème presque métaphysique de leur ressemblance avec ceux du psychologue. Le malaise qu'on ressent mériterait toute une analyse. Il est de la même nature que celui que font éprouver les personnages de Beckett, eux aussi raisonnant avec le plus grand sérieux du monde sur les objets les plus prosaïques de leur vie, sur les parties les moins sublimes de leur corps. Si nous pensons que l'œuvre de Beckett tire son originalité du fait de sa proximité avec une expérience morcelée et morcelante du corps propre, de ses atours et entours, de ses prothèses et de ses instruments orthopédiques, il n'est pas surprenant que le dialogue avec un garçon au fonctionnement mental manifestement archaïque tourne ou vire spontanément à quelque chose qu'à peu de frais, moyennant quelques corrections ou quelques insistances supplémentaires, on pourrait faire passer sinon pour du Beckett, au moins pour un pastiche de son écriture habituelle.

*
*  *

[1] BECKETT S., *Molloy*.

L'analyse du contenu semble pouvoir être brève. Même le psychologue le moins entraîné lira à travers les questions et les remarques du garçon l'action d'un désir de ressemblance avec celui qui a l'habitude de l'écouter, de discuter avec lui et de l'aider à s'exprimer. Les préoccupations suscitées par le souci de s'assurer que la ressemblance existe ou est réalisée dans les souliers sont si intenses, occupent tellement son esprit que les efforts du psychologue pour changer de sujet avortent aussitôt, le garçon revenant dès qu'il le peut et sans aucune gêne au sujet qui est le sien, on pourrait presque dire, au sujet qu'il est lui-même en ces moments, tant semble parfaite et complète l'assimilation qu'il fait entre sa personne et ses souliers. D'autre part, en insistant auprès de son interlocuteur pour avoir son avis sur le degré de ressemblance, il cherche, dira-t-on, à faire accepter son désir par celui-ci, comme s'il lui restait une crainte de se voir rejeté par lui à cause du désir lui-même. A partir de là, nous pourrions passer à des spéculations générales sur l'identification, sur la culpabilité ou l'angoisse qu'elle entraîne, sur la signification symbolique des souliers, sur le désir de castration et sur bien d'autres thèmes psychanalytiques. Dans un sens plus clinique, nous pourrions aussi chercher à en savoir plus long sur l'histoire de ce garçon et essayer d'éclairer par elle la relation transférentielle, de nature identificatoire, qu'il vit présentement avec son psychologue. Je ne tiens cependant à m'engager dans aucune des deux voies, d'abord parce que nous risquerions alors de nous écarter de notre problème, celui de la prise de conscience, ensuite parce qu'une question préalable mérite d'être posée, celle de la valeur de l'analyse provisoire que nous venons de faire.

En disant que le souci de la ressemblance des souliers est inspiré par un désir du garçon de ressembler à son psychologue, ne sommes-nous pas allés trop loin ou trop vite? ne lui attribuons-nous pas ainsi un désir tout constitué, comme s'il était déjà un vrai sujet psychologique, capable d'exprimer ses désirs par des médiations concrètes, objectives et partielles? Il aurait le souhait de ressembler à une autre personne et commencerait à réaliser ce souhait par l'achat de souliers semblables à ceux de cette personne. Cette explication, on peut se demander si elle ne tire pas sa fausse clarté de sa référence à l'expérience normale courante ou même seulement à une théorie courante de ce qu'on croit être une vie psychologique normale. Peut-être est-il optimiste et rassurant de penser que l'intérêt que nous portons aux choses de notre environnement est nécessairement inspiré par un désir préalable, tout fait, qui chercherait à se manifester ou à s'exprimer au-dehors? En effet, s'il en était ainsi, il suffirait de remonter des choses qui nous occupent aux désirs qui les maintiennent dans notre champ d'intérêt, pour se connaître à coup sûr. Quoi qu'il en soit de la condition psychologique de l'être humain normal et adulte, il y a plusieurs détails de l'entretien de notre garçon avec son psychologue, qui nous font douter de l'existence chez le premier d'un désir mentalement constitué et opérant en deçà des préoccupations conscientes et explicites.

*
*    *

Quand le psychologue, un peu surpris par le souci que le garçon a de vérifier si la marque de ses nouveaux souliers est identique à celle des souliers de son interlocuteur, lui demande: «*Pourquoi tu as pris des souliers comme les miens?*», la réponse qu'il obtient n'est pas une vraie réponse à la question posée mais consiste en une nouvelle question: «*C'est les mêmes que les tiens?*». C'est comme si dans l'interrogation qui lui avait été adressée, le garçon n'avait entendu que la reconnaissance d'identité qu'elle portait implicitement en elle, et n'avait ensuite cherché qu'à amener le psychologue à reconnaître cette identité d'une manière explicite, qui pût le rassurer tout à fait sur la ressemblance recherchée. Dans la question du psychologue, nous pouvons en effet distinguer deux transmissions simultanées, l'une étant comprise dans l'autre : s'il interrogeait le garçon sur le motif pour lequel celui-ci avait choisi des souliers identiques aux siens, c'est qu'il avait admis que les souliers étaient identiques. En même temps qu'il transmettait à son interlocuteur son désir de connaître la motivation que celui-ci avait eue en achetant des souliers identiques, il transmettait comme un accord de principe sur le fait de la ressemblance qui avait été recherchée. C'est cet accord de principe que le garçon retient en demandant au psychologue s'il peut le confirmer. Voilà un échange de paroles où s'est passé un phénomène paradoxal : pour le psychologue, c'est une question qui a été posée dans une forme interrogative normale et qui demandait une réponse en forme énonciative, par exemple : «*J'ai voulu des souliers identiques aux tiens parce que les tiens me plaisent plus* » ; pour le garçon, c'est une énonciation qui a été faite en forme de sous-entendu et qui suscita chez lui une question destinée à vérifier s'il avait bien entendu ce qu'il avait entendu. Ce qui était question pour le psychologue devient énonciation pour le garçon. Là où le psychologue attendait une réponse, le garçon amène une question. C'est un exemple flagrant de ces malentendus qui sont fréquents quand on parle à des psychotiques et qui se caractérisent par le fait que ce qui s'entend entre les deux interlocuteurs n'est pas la même chose, ce qui est sous-entendu par l'un étant entendu par l'autre, ce qui est exprimé et entendu par l'un étant, au sens presque physique, sous-entendu, entendu en dessous d'un certain seuil, par l'autre. C'est quand des malentendus de ce genre se produisent dans un échange de paroles que nous nous demandons : Mais, quoi! j'ai bien posé cette question, j'ai bien dit cela! On se surprend à douter de ce qu'on a dit et de la manière dont on l'a dit.

Le malentendu que nous venons d'analyser apporte de

l'eau au moulin de ceux qui cherchent à montrer, à partir d'une théorie pragmatique du langage, que la psychose est principalement un trouble de la communication. Il pourrait figurer en bonne et due place dans tel ou tel chapitre de l'ouvrage, *Pragmatics of human communication. A study of interactional patterns, pathologies and paradoxes* [1] dans lequel trois auteurs de l'école de Gregory Bateson, à savoir Watzlawick, Beavin et Jackson ont tenté avec un succès remarquable d'élaborer une théorie de la communication qui puisse rendre compte de la nature particulière et paradoxale des échanges familiaux dans lesquels certains enfants ont dû grandir et se sont trouvés emprisonnés sans autre issue qu'une certaine schizophrénie. Sans entrer dans la discussion de ce nouveau courant psychiatrique qui retient la meilleure part de l'anti-psychiatrie et qui vise à fonder de la manière la plus solide les nouvelles formes de thérapie familiale, qu'il me suffise d'en appeler à l'expérience de chacun : à qui n'est-il jamais arrivé d'avoir avec quelqu'un une conversation qui vous donne l'impression qu'elle finirait par vous rendre fou si elle devait se prolonger et se répéter. De quelqu'un qui discute avec vous en sautant d'un argument à un autre, en passant d'un niveau logique à un autre, en transformant, comme dans notre exemple, des questions en affirmations, des affirmations en questions, vous dites communément : il me fait tourner à bourrique, il me rendra fou. A partir d'expériences limitées de ce genre, on peut imaginer sans peine comment tournera celui qui vit à longueur d'années dans un réseau et un style de communications de ce genre. Le malentendu que nous avons relevé dans l'échange entre notre garçon et son psychologue peut sembler futile et ne prêter à aucune conséquence. Le psycholo-

[1] WATZLAWICK P., HELMICK-BEAVIN J., JACKSON D. D., *Pragmatics of human communication*, N.Y., Norton, 1967, 286 pp (trad. franç. J. MORCHE sous le titre discutable : *Une logique de la communication*, Paris, Seuil, 1972).

gue n'était pas du même avis, lui qui cherchait à renouer un fil
qui se coupait continuellement et sentait le malentendu se
répéter à tous les points forts ou critiques de l'entretien.
C'est son calme thérapeutique qui peut nous faire illusion et
nous faire méconnaître le caractère irritant des échanges.

Après cette parenthèse sur la nature littéralement « affo-
lante » de certains échanges verbaux, il me faut arriver à la
conclusion que je voulais tirer du malentendu dont nous
sommes partis. Le garçon n'a pas entendu, plus exactement
il a ignoré la question qui lui a été adressée au sujet des motifs
de son comportement. Au sens fort, il n'a entendu que ce qui
était sous-entendu dans la question du psychologue, à savoir
l'accord sur la ressemblance des souliers. Laissons là le point
de vue linguistique et voyons ce que cette sélection dans le
message peut signifier au point de vue des mécanismes psychodynamiques. Il a ignoré la question. Est-ce le signe d'une
faiblesse intellectuelle? Rien ne permet de le penser. Il pose
lui-même des questions et prouve par là-même qu'il sait ce
qu'est une interrogation. Est-ce l'envie d'ignorer le souhait
qu'a le psychologue d'en savoir plus long sur ses motifs,
comme dans notre vie courante, quand nous ignorons,
comme on dit, la lettre à laquelle nous ne voulons pas répondre, la demande de quelqu'un à qui nous ne tenons pas à faire
plaisir, la parole désagréable que nous ne voulons pas entendre pour ne pas nous mettre mal avec quelqu'un? Il est plus
difficile d'écarter cette hypothèse. Je crois cependant qu'il
ne faut pas la retenir en raison du caractère très confiant que
semble avoir la relation du garçon avec son psychologue. Le
groupe et moi-même, nous penchions plutôt vers une autre
hypothèse, de nature certes psychodynamique mais plus
conforme et plus conciliable avec l'analyse linguistique. Il a
ignoré la question en tant que telle parce qu'elle ne lui disait
rien, parce que le problème de la motivation ou du désir
sous-jacent à son comportement ne se posait pas et ne s'était
peut-être jamais posé à lui. Le désir n'existant pas pour lui

comme une réalité interne, susceptible d'être nommée, il ne pouvait guère répondre à une question se rapportant à l'ordre des désirs. La question n'avait pas de sens pour lui, elle ne pouvait s'ouvrir que sur un vide où il n'y avait rien à saisir. Objectivement parlant, il y avait certes en lui quelque chose qui l'avait poussé à choisir des souliers semblables à ceux du psychologue et qui le poussait maintenant à s'assurer, avec le psychologue, de la réalité de la ressemblance. Subjectivement parlant, ce quelque chose était inexistant, comme était inexistant le désir de définir ou de comprendre ce quelque chose. N'existaient que ses souliers, ceux du psychologue et la question de leur ressemblance.

Nous nous laisserions dériver vers une spéculation philosophique déplacée, si nous nous mettions maintenant à discourir sur la distinction générale entre le point de vue de l'observateur extérieur et le point de vue du sujet observateur de soi. En nous en tenant fermement aux simples paroles prononcées par le psychologue et le garçon dans l'échange que nous avons pris comme échantillon, nous voyons se jouer la dialectique de l'objectivité et de la subjectivité d'une manière presque expérimentale. Posant une question sur les motifs du choix des souliers, le psychologue suppose chez son jeune interlocuteur une subjectivité faite de désirs et de raisons. Répondant par une question sur la ressemblance effective des souliers, le garçon montre qu'il n'est intéressé que par l'objectivité, que par un problème de réalité. La relation de ressemblance entre ses souliers et ceux du psychologue est-elle réelle, est-elle objective, est-elle reconnue par le psychologue, telle est la préoccupation du garçon, et c'est sous l'influence de cette préoccupation dominante qu'il n'a entendu dans la question à lui adressée que le sous-entendu.

Son souhait le plus cher est que la relation de ressemblance soit aussi complète que réelle. La suite du dialogue tourne autour de l'élimination éventuelle des différences. Les souliers sont-ils les mêmes ou *presque* les mêmes? Ce sont deux moments de jubilation quand la ressemblance est reconnue, d'abord par la parole, puis par l'acte du psychologue, comme tellement totale qu'on pourrait s'y tromper, qu'on pourrait prendre une paire pour l'autre, *indifféremment*. Les différences sont annulées, scotomisées, au profit d'une ressemblance absolue dont la reconnaissance constitue comme l'aboutissement ultime du souhait qui a animé le garçon dès le moment où est née en lui l'idée de s'acheter des souliers semblables à ceux du psychologue. Sommes-nous dans l'ordre du désir? Certainement oui, si on entend par désir l'action d'une impulsion intérieure ayant une certaine permanence et dirigeant une suite de comportements. Certainement non si le désir marque une insatisfaction consciente et l'idée qu'une réalité entrevue est de nature à combler l'insatisfaction, si le désir est l'expérience d'un manque réel et d'une plénitude idéale. Si nous prenons le désir dans ce deuxième sens, qui est d'ailleurs le plus conforme à l'usage courant, nous pouvons voir dans la conduite du garçon un effort pour ne pas entrer dans l'ordre du désir, pour ne pas éprouver la souffrance qui y règne. S'il cherche avec tant d'acharnement à nier l'importance de quelques signes de différence, à faire reconnaître la réalité de la relation de similitude, à transformer la relation de similitude en une relation d'identité, n'est-ce pas pour supprimer le malaise inhérent à ce qui est désir, la tension vers quelque chose qui n'est pas encore réalisé? Pour un adolescent comme celui qui nous occupe, ressembler à un adulte tel que son psychologue ne peut être qu'un but lointain, décourageant et générateur de souffrance. Le moyen d'éviter l'émergence de celle-ci est double : d'abord réduire chacun des deux individus à un accessoire d'eux-mêmes, les souliers, ensuite s'assurer par tous les moyens de l'identité de ceux-ci, les différences qui n'auront pas pu être éliminées dans le fait l'étant par le pouvoir négateur de la pensée et de la parole.

*        *
*

Il est permis de se demander pourquoi dans le premier moment de sa stratégie pour supprimer le désir et le malaise qui l'accompagne, le garçon en est arrivé à choisir les souliers comme objet partiel, substitutif de la personne des deux protagonistes en présence. On peut penser que le nom de famille du psychologue, Monsieur André *Lebas*, n'est pas étranger à ce choix inconscient, s'il est vrai que dans nos habitudes vestimentaires, les bas sont notamment ce qui nous protège de la rugosité des souliers et ce que nous laissons souvent traîner en eux, quand nous nous déshabillons. Mais quoi qu'il en soit des raisons du choix qui peuvent être multiples et tenir à des circonstances que nous ignorons, c'est le second temps de la stratégie qui nous paraît le plus important et le plus décisif pour l'annulation des affects désagréables liés au désir. Si les souliers sont identiques de part et d'autre ou qu'ils soient simplement reconnus comme identiques, le garçon est satisfait, il peut être heureux, comme il l'indique sans ambiguïté par la répétition de l'adverbe *heureusement*, dans la dernière partie de l'extrait. Bref, nous sommes moins dans l'ordre du désir que dans celui de l'illusion et peut-être dans celui du délire, pour autant que le pouvoir abstracteur de la pensée réussit à ne retenir que les éléments de ressemblance et à nier les faits de différence.

Je viens d'évoquer la capacité d'abstraction de la pensée. C'est dans les deux moments de la stratégie qu'a joué cette capacité. Le premier consiste en effet à abstraire de la personne totale une partie qui en est plus ou moins détachable, dans notre exemple, les souliers. L'envie qu'a le garçon de s'identifier à son psychologue se partialise, se parcellise en quelque sorte autour des souliers et devient ainsi l'envie que ceux de l'un soient identiques à ceux de l'autre. C'est l'effet d'une abstraction, on pourrait dire aussi d'une soustraction dans le sens où on dérobe à quelqu'un une partie de lui quand on n'est pas en mesure — encore un terme quantitatif — de le prendre dans sa totalité. C'est la constitution d'un objet partiel. Dans l'histoire de l'individu humain, il est des envies précoces qui naissent à des moments où sa pensée ne peut encore saisir d'autrui que le corps et de son corps que les parties avec lesquelles il a *partie liée* en raison de la satisfaction de ses besoins. Ce sont ces parties qui commencent par devenir l'enjeu de ses envies et divisent ce qu'on appelle la pulsion en pulsions partielles. Pouvoir diviseur de la pensée qui permet ce qu'on peut probablement considérer comme la première manière pour les dispositions psychiques de se dégager de leur stratégie hallucinatoire ou onirique et de s'engager dans une lutte autour d'éléments plus réels ou plus résistants. Mais pour que les objets partiels puissent remplir leur rôle et apaiser les envies, ils doivent encore subir de la part de la pensée, qui y trouve d'ailleurs l'occasion de se développer et de s'exercer, un traitement supplémentaire, celui de l'abstraction proprement dite qui consiste à retenir de l'objet ce qui satisfait l'envie et à en rejeter ce qui la contrecarre.

Si nous en revenons au désir proprement dit, nous pouvons supposer maintenant qu'il est loin d'être constitué comme tel au moment de l'investissement des objets partiels. Bien au contraire, celui-ci est un moment, une étape sans doute nécessaire de sa constitution. Entre-temps la désillusion devra intervenir qui montrera tout ce qu'il y avait d'illusoire dans l'objet partiel et dans le travail de la pensée qui le maintenait sous une lumière rassurante par une espèce d'artifice optique camouflant tous ceux de ses aspects qui pouvaient faire renaître les tourments de l'envie.

Mais en retenant que l'investissement de l'objet partiel n'est pas encore la constitution du désir, comme j'ai cherché à le montrer à partir de l'inaptitude manifeste de notre jeune garçon à répondre à toutes les questions que le psychologue lui adressait au sujet des motifs de son action, il ne faudrait pas méconnaître le progrès que cet investissement opère dans le développement et la manifestation des dispositions psychiques par rapport à l'hallucination et au rêve. Un pas s'y franchit dont il serait grave pour une théorie transformationnelle de la prise de conscience de ne pas mesurer la longueur.

Les dispositions psychiques commencent à sortir de leur invisibilité en ravivant les résidus mnésiques des perceptions antérieures. C'est l'hallucination pure et brute. A ce jeu qui risque de devenir effrayant en raison de l'appui réciproque, circulaire que peuvent s'apporter ces résidus et ces dispositions, le rêve apporte le tempérament d'une histoire fictive, fantomatique qui par ses liaisons contribue à *lier* les dispositions psychiques et leur interdit ainsi une expansion infinie. Par l'investissement de l'objet partiel, des dispositions psychiques se portent sur quelque chose de réel, qui s'offre à la perception et se prête à l'action : des seins, on peut les regarder, les caresser, les pétrir; des fèces, on peut les retenir ou en barbouiller les murs; des souliers, on peut les admirer, les acheter s'ils ressemblent à ceux de la personne à laquelle on a envie de s'assimiler. Bref, on ne fait plus seulement des histoires avec des souvenirs, reliquats de perceptions passées, mais avec des objets de perception, reliques de personnages importants. A ce niveau, les dispositions psychiques ne se sont pas encore transformées en désirs, mais elles prennent déjà une forme : la forme d'objets perceptibles. Le psychologue a pu *percevoir* une envie d'adolescent parce qu'elle se trouvait comme gelée dans une paire de souliers.

# CHAPITRE VII

# L'OBJECTIVITÉ DE L'OBJET TRANSITIONNEL

A quel moment de son évolution avons-nous la preuve qu'un enfant commence à posséder une certaine connaissance de ce que nous nous sommes accoutumés, au cours de ces chapitres, à appeler une disposition psychique? A quels signes précis pouvons-nous reconnaître qu'il a pris, sur l'affection, l'amour, l'hostilité, l'envie, la colère, l'angoisse, assez de pouvoir pour qu'on soit autorisé à parler d'un commencement de connaissance ou d'un début de prise de conscience?

L'apparition de comportements conformes à l'une ou l'autre de ces dispositions n'est pas un critère dont nous puissions nous servir pour répondre à la question que nous venons de nous poser. Les conduites émotionnelles de l'enfant, dès les premières semaines ou dès les premiers mois de sa vie, ne suffisent pas à elles seules à donner la moindre preuve d'un commencement de prise de conscience. Elles ne sont la preuve que d'elles-mêmes. Elles démontrent seulement que l'enfant dispose très tôt dans sa vie de tout le registre émotionnel qui deviendra la base de sa vie psychique. Si nous devions nous exprimer en toute rigueur, il nous faudrait même nous abstenir, pour la description de ces conduites, d'employer des termes comme ceux de colère, d'amour, d'envie, de jalousie, etc. En effet, c'est y apposer des étiquettes prématurées, pour ne pas dire fausses, des inscriptions que nous avons imaginées et élaborées à partir d'expériences plus évoluées, à un moment où nos dispositions se trouvaient déjà fort diversifiées et où nous avions déjà pris assez de pouvoir sur elles pour en parler et les catégoriser.

L'étiquetage en question n'est légitime que pour autant qu'il signale une ressemblance ou une parenté génétique entre les conduites émotionnelles primaires et les dispositions psychiques que nous nommons par les termes de colère, amour, haine etc. D'ailleurs, si nous voulons définir ce que nous entendons par chacun de ces termes, nous serons entraînés de proche en proche à nous rapporter à des comportements, sinon réels, du moins virtuels, des comportements dont nous trouvons précisément les prototypes dans les manifestations émotionnelles de la prime enfance. Pour toutes ces raisons, on comprend que la psychologie développementale contemporaine s'astreigne à décrire la vie émotionnelle du petit enfant en termes d'approche et d'évitement par rapport à un objet ou à des objets disposés en réseau. Mais cette approche behavioriste radicale nous obligera quand même à reconnaître qu'il y a dans l'évolution de l'enfant des moments où les comportements émotionnels primaires font place, sans disparaître de la scène, à des phénomènes plus subtils, qui ont encore quelque chose de commun avec l'expression émotionnelle, mais qui semblent relever de l'une ou l'autre de ces transformations qui interviennent dans le parcours vers la prise de conscience.

A qui douterait de l'intensité de la vie psychologique des enfants, et de l'existence des pulsions que la psychanalyse a dénommées œdipiennes et préœdipiennes, j'aimerais faire lire les protocoles qui ont été recueillis depuis plusieurs années, dans le service de mon collègue Albert Husquinet, par nos étudiants, quand ils soumettaient des enfants en âge préscolaire et en début de scolarité au test de la maison de poupées. Libres de choisir et d'utiliser à leur guise les pièces de la maison, ses objets, ses ustensiles, ses fauteuils et ses lits, ainsi que les marionnettes qui représentent une famille, père, mère, frère et sœur, ces enfants inventent des histoires surprenantes, dont le tragique n'a souvent rien à envier à celui de Sophocle, de Shakespeare ou de Racine. La mort et la maladie, l'amour, la haine et la jalousie y occupent beaucoup de place. Les psychothérapeutes de l'enfance ne s'en étonneront guère, habitués qu'ils sont à trouver dans les jeux de leurs jeunes patients l'expression de conflits aigus.

Ce n'est pas le moment de traiter des conditions de l'usage thérapeutique du jeu, ni de tracer l'évolution générale des jeux. Sur le premier point, nous disposons aujourd'hui d'une vaste littérature, comprenant la relation des tentatives les plus variées, depuis celles qui sont d'inspiration franchement psychanalytique jusqu'à celles qui sont d'inspiration aussi franchement behavioriste, en passant par celles qui sont moins systématiques, s'embarrassent moins de théories et ont plus le souci de l'observation naïve. Du second point, il est inutile aussi que j'en parle : on connaît assez les ouvrages remarquables qui en traitent dans le détail. Mon propos est différent. Si je viens d'évoquer les jeux libres de l'enfant et leur charge affective, c'est pour les situer dans la perspective de la théorie des objets transitionnels et par-là dans celle d'une théorie plus générale de la prise de conscience.

Si on interroge des enfants, par exemple vers l'âge de trois ou quatre ans ou même plus tard, quand leur vocabulaire s'est enrichi de beaucoup, sur les sentiments qu'ils éprouvent à l'égard de leurs parents, de leurs grands-parents, de leurs frères et sœurs, on est frappé de la pauvreté et du caractère conventionnel des informations qu'on en obtient. C'est seulement à la longue et souvent en leur offrant l'aide de nos mots et de nos expressions que nous apprenons quelques nuances ou quelques différences, l'un des parents étant plus aimé que l'autre, un frère étant moins aimé qu'un autre. On se dit alors que la faute en revient à la pauvreté de leur glossaire émotionnel. Pourtant, si nous assistons à leurs jeux sans trop y intervenir, en leur faisant oublier notre présence, nous devons nous détromper, nous constatons alors non seulement que les dispositions psychiques qu'ils peuvent attribuer aux personnages qui sont en jeu se révèlent nombreuses, violentes, excessives et différenciées, mais aussi qu'ils utilisent une langue riche, expressive, capable de rendre la nuance des sentiments. Le contraste entre la pauvreté des informations objectives et l'abondance des formations ludiques mérite toute notre attention. Au demeurant, on le trouve souvent, pour ne pas dire toujours, chez l'adolescent et chez l'adulte. Je me souviens d'un patient d'une trentaine d'années qui pouvait aisément décrire tous les aspects du conflit transférentiel qu'il vivait avec moi, quand il lui était donné de s'exprimer en termes métaphoriques, sur un mode ludique, mais qui dans le même temps se reconnaissait incapable de savoir quels sentiments réels il éprouvait à mon égard, mettant même en doute qu'il puisse en éprouver aucun.

Le contraste entre l'incapacité d'analyser ses sentiments à l'égard des personnes de son entourage réel et l'exubérance expressive des sentiments quand ils sont mis en jeu dans l'imaginaire n'est probablement pas universel. Mais qu'il puisse exister, notamment chez le petit enfant, suffit à nous ramener au problème de la prise de conscience. Il nous rappelle, si besoin en était encore, que la difficulté à s'analyser ne vient pas nécessairement d'une difficulté à s'exprimer, que la connaissance du registre des dispositions psychiques n'entraîne pas de soi la conscience de celles qui sont effectives en nous. L'enfant ne se trompe guère de mots ni de gestes quand il joue avec ses personnages. Il sait de quoi il parle, de quoi il est question, de quoi il retourne, sans toutefois savoir où il en est lui-même, dans la réalité, avec ses familiers. Ce contraste, peut-on le comprendre autrement que par la suite des étapes de la prise de conscience?

* * *

L'imitation joue un rôle déterminant dans les formations ludiques de l'enfant. Ses mises en scène empruntent à la réalité quotidienne l'ensemble de leurs contenus et de leurs styles. On y retrouve la mimique, les gestes, les paroles des adultes. On voit s'y reproduire le déroulement de conflits familiaux ayant eu lieu sous les yeux de l'enfant. Dans ce sens, je ne donnerai pas tort aux auteurs de l'*Anti-Œdipe* quand ils estiment que l'enfant, dès son plus jeune âge, subit l'influence des contradictions et des conflits du champ social tout entier, ceux-ci se représentant inévitablement dans la conception que la famille se fait d'elle-même, dans la nature des oppositions qui la déchirent et dans la fréquence des conflits qui en scandent la vie. Mais l'imitation n'explique pas tout, surtout pas si on l'entend d'une manière trop restrictive. D'abord, il faut à tout le moins ne pas perdre de vue que dans ses jeux, l'enfant ne se contente pas d'imiter les parents, mais s'imite fréquemment lui-même, s'il est permis de s'exprimer ainsi. La poupée pleure comme il lui arrive de pleurer. Elle voit les choses comme lui-même a l'habitude de les voir. Elle désire la chose qu'il a souvent désirée lui-même. Bref, pour une très grande part, le jeu reproduit la plupart des conduites émotionnelles primitives qui étaient et continuent à être dans une certaine mesure le fait de l'enfant dans sa vie avec les adultes et les autres enfants du cercle familial. L'enfant reproduit, répète inoffensivement ce qu'il a vécu sérieusement avec son entourage. Répétition tournée vers le passé, qui a donné à penser à Freud que beaucoup de jeux de l'enfance pouvaient témoigner, à côté d'autres phénomènes plus cliniques, en faveur de l'existence, chez tout être vivant, d'un automatisme de répétition, *Wiederholungzwang*, lui-même témoin d'une tendance à retourner à l'inanimé, à l'inerte, à la mort. Quoi qu'il en soit de cette généralisation, retenons pour l'instant que le contenu des jeux les plus archaïques de l'enfant vient autant de l'imitation de soi-même que de la reproduction du comportement de ses modèles extérieurs.

Pour séduisante qu'elle soit, l'explication des contenus ludiques par le mécanisme de l'imitation, de soi ou des autres, ne donne pas entière satisfaction. Elle ne semble pas en mesure de rendre compte de la part d'invention qu'on peut souvent y trouver. D'une part, quand l'enfant s'imite, en reproduisant avec les objets artificiels de son jeu les conduites émotionnelles par lesquelles il a l'habitude de rencontrer les êtres de son milieu familial, il ne manque pas d'y ajouter des éléments nouveaux, extérieurs à son expérience courante. Ainsi, pour le tout jeune enfant, dormir avec son ours n'est pas l'exacte reproduction d'un comportement antérieur, son habitude n'ayant peut-être jamais été de dormir avec quelqu'un. D'autre part, la reproduction des conduites d'autrui n'est pas plus fidèle. Si l'envie de dormir avec son ours était la simple réplique de l'intimité qu'il aurait pu observer entre ses parents, elle serait sans doute accompagnée d'une plus grande gêne et n'apparaîtrait en tout cas pas dans une phase aussi précoce de son existence. Même à supposer que la nouveauté des contenus ludiques puisse s'expliquer par la contamination des deux sources d'imitation, la reproduction par l'enfant de ses propres comportements étant influencée et renouvelée par la reproduction des conduites observées chez les autres et inversement, il resterait encore à rendre compte du fait qu'un objet inanimé se trouve investi d'une fonction qu'il ne possède pas par lui-même et qui le rend apte à servir de support à la mise en scène d'une vie de relation intense. Les théories qu'on a faites du jeu de l'enfant se sont souvent rendu la tâche aisée, en prenant trop facilement pour acquit un phénomène qu'à la réflexion, il faudrait commencer par trouver mystérieux. Une fois un objet érigé en objet ludique, on comprend aisément que l'enfant s'en serve pour reproduire des situations réelles. Mais on n'a pas résolu le problème de la constitution même de l'objet ludique, de la transformation d'un objet neutre, souvent banal et dérisoire à nos yeux d'adulte, en objet signifiant, susceptible d'être investi en lieu et place d'un corps vivant ou d'une partie vivante d'un corps réel.

Si l'imitation explique assez bien le mécanisme du jeu, elle ne rend pas compte du dynamisme qui est responsable de son apparition. Ce serait assurément tomber dans le mentalisme ou dans les illusions de l'ancienne psychologie que de se borner à faire appel à un besoin d'imitation, subsistant en soi. Ce serait donner une réalité à une entité nominale : l'enfant jouerait à s'imiter, à imiter les autres, à imiter sa propre relation aux autres, parce qu'il aurait besoin d'imiter. Ce serait résoudre le problème à la manière des enfants qui répondent souvent à ceux qui les interrogent sur un pourquoi par une simple transformation de l'interrogatif en une conjonction de subordination qui reste en l'air, sans la proposition qu'on serait en droit d'attendre : *parce que ... J'aime bien parce que j'aime bien.*

Mais est-il possible d'aller plus loin ? Est-il légitime de vouloir sortir des limites de l'observation et de la description d'un mécanisme pour chercher à trouver des forces en travail, responsables de l'apparition du jeu ou de la sélection dont il fait preuve dans l'élaboration particulière de ses contenus? Cette question est probablement l'une des plus difficiles qui puissent se poser en psychologie.

Soulignons d'abord la grande différence qu'il y a entre le recours à un besoin d'imitation et l'hypothèse de l'existence de dispositions psychiques qui, ne trouvant ou ne cherchant pas à se traduire en comportements, n'en renoncent pas pour autant à se traduire en actes signifiants, à s'exprimer symboliquement. Dans la première explication, on se donne d'emblée ce qu'on a trouvé : pour expliquer la tendance au jeu et aux mécanismes d'imitation qui en détermine le déroulement, on suppose un besoin de jouer et d'imiter. C'est en fait une tautologie dont on camoufle la nature et l'inutilité en prenant un même phénomène observable, d'abord en termes de cause finale (tendance vers ...), ensuite en terme de cause efficiente (besoin de ...) pour finir par conclure que s'il y a une cause finale, il faut qu'il y ait une cause efficiente. Dans l'autre explication, on émet l'hypothèse qu'il y a, même chez le plus jeune enfant, des dispositions psychiques qui, pour être invisibles au départ, n'en sont pas moins réelles et opérantes, leur destin dépendant des possibilités comportementales et mentales de celui en qui elles ont lieu. La première explication reste formelle : il n'y a pas plus de contenu dans la proposition subordonnée que dans la proposition principale. La seconde explication fait intervenir dans la proposition subordonnée, celle qui doit fournir l'explication, des éléments, à savoir les dispositions psychiques, qui ne sont pas évoqués dans la proposition principale. De surcroît, alors que la première explication arrête toute recherche ultérieure, — on a tout dit quand on a rendu compte de la tendance à l'imitation par un besoin d'imitation, — la seconde met en branle et entretient une conduite exploratoire dans la mesure où elle évoque des dispositions psychiques dont on ignore la nature, mais qu'on peut chercher à préciser, non seulement en analysant le contenu d'un jeu donné, mais, quand on en aura la possibilité, en poussant le jeu à être plus expressif et à se dépasser en un langage véridique, destiné à rapporter ces dispositions psychiques à ses vrais objets et à ses vrais sujets.

En fait de dynamisme, il ne s'agit donc plus seulement de la force massive d'un besoin unique, mais plutôt de celle qu'on peut attribuer sans imprudence à chaque disposition psychique, dès le moment de son émergence, de la même manière qu'en psychophysiologie, une variation du milieu intérieur a le pouvoir d'amorcer entre les relais nerveux et humoraux une série d'opérations aboutissant à un circuit comportemental, général ou spécifique. S'il fallait trouver à tout prix pour le jeu de l'enfant un dynamisme spécifique, il suffirait de supposer qu'une disposition psychique puisse trouver toutes ses routes comportementales barrées et cherche alors à se frayer un chemin à travers un système de représentations, utilisant des résidus mnésiques, des objets partiels ou des objets complets qui par une véritable mise en jeu deviennent des objets signifiants ou, pour employer un terme de Kurt Lewin, des quasi-objets, des objets qui permettent le jeu du *comme si*.

Le rapport entre les dispositions psychiques et les conduites émotionnelles primitives est complexe. Ce n'est pas une raison pour le supprimer en niant l'un de ses termes, en déniant aux dispositions psychiques le moindre degré de réalité. Quand on observe les jeux les plus élémentaires, les plus archaïques, de l'enfant, on ne peut se défendre de l'impression que les limites comportementales s'y trouvent comme débordées. Leur contenu laisse apparaître des dispositions qui dépassent en nature et en intensité les expressions émotionnelles qui se traduisent dans les faits, dans les relations réelles, dans le corps à corps effectif de l'enfant avec les personnes de son entourage. Ce surplus, cet excès ne serait-il pas la mesure de l'excès des dispositions psychiques sur les conduites émotionnelles, forcément limitées par des contingences physiques et morales, corporelles et éducationnelles? Dans les relations du corps à corps, du corps de l'enfant au corps de la mère, les possibilités instinctives et émotionnelles sont restreintes. Les expressions libidinales et agressives doivent très tôt se tempérer, notamment en raison des interdictions mises par l'adulte, de ses menaces de retrait, de rejet. En revanche, dans les jeux, l'amour comme l'agressivité peuvent se donner un cours plus libre, plus violent et plus inoffensif: la mort, la maladie, la blessure, le rejet brutal, la réconciliation totale, la pénétration réciproque, y interviennent d'une manière que la réalité extérieure ne pourrait guère supporter, mais qui en dit long sur la réalité intérieure. On peut évidemment se poser des questions essentielles sur l'origine de celle-ci. Naît-elle par suite du barrage opposé aux expressions émotionnelles comportementales? Apparaît-elle d'une manière autonome par suite d'une espèce de programmation cérébrale supérieure, reprenant à son compte, mais en les amplifiant, des schémas comportementaux et émotionnels diencéphaliques? Il n'est peut-être pas nécessaire d'en décider pour construire une théorie cohérente de la prise de conscience. Comme je l'ai dit à plusieurs reprises, celle-ci peut, par une restriction méthodologique légitime, partir des dispositions psychiques telles qu'elles assiègent un individu, sans s'occuper des conditions de leur genèse. Une fois données, il devient possible de se représenter les carrefours qu'elles rencontrent dans leur progrès et où elles auront à choisir entre le cheminement comportemental, celui où elles utiliseront les schémas émotionnels innés et spécifiques, et le cheminement mental au cours duquel elles se mettront à organiser soit des traces mnésiques, soit des plans d'action à valeur expressive et symbolique.

Le cheminement mental d'une disposition psychique, nous l'avons déjà suivi à travers l'exploitation des données mnésiques (hallucination et rêve) ou à travers la constitution d'objets partiels, en quelque sorte prélevés sur le corps ou autour du corps de la personne investie (les souliers du chapitre précédent). L'étude du fondement dynamique des jeux expressifs de l'enfant va nous permettre de suivre un autre cheminement.

*
* *

Nous avons vu que l'imitation rendait compte de la mécanique du jeu mais non de sa dynamique, qu'elle se développait librement autour d'un objet, une fois que celui-ci était érigé en objet ludique, c'est-à-dire en objet *virtuellement signifiant*. Il est temps de comprendre ce qui transforme une chose banale, neutre en un objet privilégié, se prêtant à de nombreux rôles, et ce qui pousse l'enfant à une telle transformation, qu'on peut appeler tout aussi bien une telle déformation. A ces questions, Winnicott a apporté une réponse par sa théorie de l'*objet transitionnel*.

Si j'ai compris cet auteur, il faut faire une distinction entre l'objet ludique, une poupée par exemple, et l'objet qu'il appelle transitionnel, le bout de drap, par exemple, que l'enfant doit sucer ou serrer dans sa main pour s'apaiser et s'endormir. Le premier suppose le second, mais le déborde.

Pour qu'une chose se constitue pour l'enfant en objet transitionnel, il faut qu'elle devienne une possession sur laquelle il puisse faire valoir son droit de propriété, qu'elle soit pelotée par lui, tantôt amoureusement, tantôt agressivement, qu'elle ne subisse aucune modification, sinon celles qui lui seront imposées par l'enfant, qu'elle survive en quelque sorte à l'amour comme à l'hostilité qu'il lui vouera alternativement, qu'elle ait une apparence de chaleur, de mouvement ou de texture donnant l'impression qu'elle a une vitalité ou une réalité de son propre crû, qu'à notre point de vue d'observateur, elle vienne de l'extérieur, ce qui la différencie de l'hallucination, enfin que son destin soit d'être désinvestie au fil des années, moins par un oubli relevant du refoulement que par une perte progressive de sa signification, par une diffusion de celle-ci sur tous les objets du territoire intermédiaire entre la réalité psychique intérieure et le monde extérieur, diffusion qui donnera naissance aux objets ludiques et culturels[1].

Pour qu'un objet transitionnel devienne objet ludique, il doit subir certaines transformations effectives qui le rendront semblables sur un point ou l'autre à une personne réelle, à un corps d'adulte ou d'enfant, à un ustensile ou à un instrument. Alors seulement se constitue pour l'enfant comme un espace intermédiaire entre lui et le monde réel, comme une réplique miniaturisée de la réalité extérieure à l'aide de laquelle il pourra exprimer sa réalité intérieure. Dans l'hypothèse que nous formulons, l'objet ludique serait un objet transitionnel ayant perdu la fonction strictement privée qu'il a commencé par accomplir dans le maintien de l'équilibre psychologique de l'enfant, mais pour remplir une fonction plus générale, on pourrait presque dire plus impersonnelle, plus anonyme et publique, celle de signifier, de représenter les relations et les situations qu'il considère comme vitales. L'objet n'est plus seulement valorisé par le rapport qu'il entretient avec les dispositions psychiques de l'enfant qui trouvent à s'y satisfaire, mais par son insertion dans le jeu de relations imaginaires avec d'autres objets, appelés par lui et constitués comme lui pour les besoins d'une représentation où il n'y a plus que des acteurs. De transitionnel, un objet devient ludique en subissant une espèce de conversion, de demi-rotation qui le détourne des besoins que l'enfant cherchait à y satisfaire

---

[1] WINNICOTT D.W., *Transitional objects and transitional phenomena*, Collected papers, N.Y., Basic Books, 1958, p. 233.

à défaut de pouvoir les satisfaire sur un corps réel, celui de la mère par exemple, et le tourne vers des objets que nous dirons homologues et avec lesquels s'institueront des rapports d'amour, de haine, d'agressivité, de jalousie, l'ensemble finissant par constituer une espèce de surface projective, au sens géométrique du terme, de la propre vie psychologique de l'enfant.

Pour que les dispositions psychologiques d'un enfant arrivent à s'exprimer d'une manière ludique, en donnant vie et sentiments à des objets signifiants, faut-il qu'il passe nécessairement par l'objet transitionnel, par l'attachement à une chose familière, possédée en propre et manipulée selon ses dispositions du moment? A ma connaissance, Winnicott ne le dit pas explicitement. Il me semble pourtant qu'il le sous-entend quand il insiste sur le fait que ces phénomènes transitionnels sont à la base du jeu des enfants et de la culture des adultes, quand il explique que le désinvestissement de l'objet transitionnel s'opère par une diffusion dont l'effet lointain sera la constitution du champ culturel, lui-même simple extension du champ ludique. S'il faut un désinvestissement qui permette la diffusion, il faut qu'au préalable il y ait eu un ou plusieurs investissements. En termes moins techniques, pour qu'une chose recouverte de petits morceaux de tissu et de dentelle devienne une poupée aux yeux de l'enfant, il ne suffit pas qu'il soit capable de voir la ressemblance entre une fillette réelle et sa reproduction, il faut encore que dans un temps psychologique antérieur, son attention et son affection se soient attachées à des choses inanimées telles qu'un morceau de tissu, une pièce de bois ou de quelque autre matière. Mesuré à nos critères adultes, cet attachement peut apparaître dérisoire et négligeable. Et pourtant, n'est-il pas la voie d'accès à l'objectivité? N'est-il pas le signe que commence à exister pour l'être humain autre chose que les parties du corps maternel qui avaient partie liée, au début de son existence, avec la satisfaction de ses besoins? L'inanimé commence à exister subjectivement. D'une manière réciproque, la vie psychologique se met à exister et à fonctionner avec plus d'autonomie, dans une plus grande indépendance à l'égard des contraintes biologiques. Pour une théorie de la prise de conscience, le moment est important où l'enfant, non content de ses relations physiques à son être nourricier, inaugure une vie de relation avec des objets qu'il peut posséder, maîtriser et manipuler à sa guise, trouvant ainsi une manière inoffensive et constructive d'exprimer, de ses dispositions psychiques, le surplus qui ne réussit pas à se réaliser dans la relation corps à corps avec la mère. Entre la mère et l'enfant existent maintenant des objets intermédiaires dont il convient que la mère reconnaisse et admette le rôle vicariant et sur lesquels l'enfant peut se reposer, presque au sens littéral du mot, pour supporter les inévitables retraits maternels. Grâce à ces objets, on peut dire, sans craindre l'emphase, que l'enfant trouve à vivre dans un monde objectif, consistant et doté d'une permanence qui manque aux allées et venues de la relation biologique. Si on ajoute à cela qu'on trouve déjà de ces objets transitionnels dans le jeu des animaux, certainement des animaux domestiques, probablement aussi des animaux sauvages, et qu'on continue à en trouver dans notre vie d'adulte, sous la forme de talisman ou de porte-bonheur, l'importance du phénomène ne pourra plus guère être mise en doute et on ne s'étonnera pas qu'il puisse jouer un rôle essentiel dans l'élaboration et la manifestation progressives des dispositions psychiques d'un individu, homme ou animal.

*
*  *

Pour une théorie de la prise de conscience, la nouvelle orientation des investissements que signale l'apparition d'un objet transitionnel nous permet de comprendre une nouvelle forme de manifestation ou de prise en charge des dispositions psychiques. Quand celles-ci émergent chez un individu endormi ou drogué, elles se manifestent dans la plus grande aliénation, celle de l'hallucination et du rêve, elles se rendent présentes ou conscientes sous la forme de forces externes qui ne répondent à aucune intériorité ou d'histoires fictives qui ne procèdent d'aucun narrateur. Par l'objet partiel, elles trouvent un ancrage, elles se lient non pas à un corps tout entier, mais aux parties du corps qui jouent le rôle le plus manifeste dans les opérations de subsistance, et qui acquièrent de surplus le privilège de pouvoir jouer un rôle de support ou d'enjeu. En devenant l'enjeu d'une vie psychologique traversée par l'envie de posséder et la peur de perdre, ces parties, ces objets partiels contribuent à donner aux dispositions psychiques une assise concrète et réelle, plus stable, plus ferme et plus *visible* que les images mouvantes et flottantes qu'elles se donnent dans l'hallucination et dans le rêve.

Les enjeux dans lesquels notre vie psychologique trouve à se fixer changent avec l'âge et la maturation biologique. Au départ, c'est le sein, que reçoit ou que perd une bouche. Ensuite, ce seront les fèces, qu'on peut retenir ou offrir en cadeau. Puis ce sera le pénis, qu'on est heureux de posséder et qu'on appréhende de perdre ou qu'on est persuadé d'avoir perdu et dont on veut trouver des substituts, ce sera le vagin, qu'on éprouvera comme bénéfique ou destructeur. Nous assistons ainsi à un déplacement horizontal des enjeux autour desquels tournent nos désirs et nos craintes, déplacement qui s'explique par un élargissement de l'expérience biologique du corps.

Pouvons-nous admettre qu'en sus d'un déplacement horizontal ne changeant rien à la nature des investissements peut s'opérer aussi un dépassement vertical de ces enjeux? La théorie de l'objet transitionnel est une réponse à cette question. Elle suppose que tout en continuant à tourner autour des objets partiels du corps, les dispositions psychiques peuvent aussi s'ancrer, se fixer à des objets qui pour ne plus être corporels n'en restent pas moins matériels et sont aptes par conséquent à leur permettre aussi une manifestation ferme, constante et visible. Sur les objets partiels, ils présentent même l'avantage de pouvoir être manipulés et maîtrisés en toute autonomie, sans dépendre du don corporel d'un autre individu. Ils permettent à la fois de supporter et d'assurer un retrait corporel indispensable à la maturation.

L'objet transitionnel présente encore un autre avantage majeur, qui intéresse peut-être moins le pur clinicien que le théoricien qui tente de comprendre les modalités de la prise de conscience. Il est, avons-nous vu, ce qui ouvre au jeu. Il suffit qu'à son tour, il se détourne du sujet et des besoins psychologiques qui l'ont pris pour enjeu, qu'il entre en relation avec d'autres objets, de même origine transitionnelle, pour que se constitue un réseau d'objets homologues entre lesquels l'individu pourra faire jouer, mettre en jeu, cette fois, les dispositions psychiques qui cherchent à s'exprimer.

De l'*enjeu* corporel des dispositions psychiques à leur *mise en jeu*, tel est le passage que peut assurer l'objet transitionnel et qui lui donne une nouvelle raison de se nommer ainsi.

# CHAPITRE VIII

# L'IDÉALITÉ DES OBJETS CULTURELS

A la mise en jeu de nos dispositions psychiques, le langage apporte une aide remarquable. Il peut venir redoubler le sens des mouvements et des gestes que nous exécutons, comme dans le jeu du petit-fils de Freud [1], qui accompagnait le premier acte de son scénario, celui de jeter la bobine loin de lui, dans le lit, de l'émission vocale : o-o-o (pour *fort* = parti...) et le second, celui de ramener la bobine à soi, de a-a-a (pour *da* = voilà). Accompagnement verbal si étroitement lié au geste qu'on peut se demander lequel des deux donnait sens à l'autre.

Pour le spectateur adulte, c'est la syllabe adverbiale qui donne à comprendre la signification du geste, le *fort* donnant à entendre que le fait de jeter la bobine est le mime de l'éloignement, le *da*, que la récupération de la bobine est le mime d'une retrouvaille. C'est même grâce à ce médiateur vocal que l'adulte passe à l'idée que ce jeu pourrait symbo-

[1] FREUD S., *Jenseits des Lustprinzips*, G.W., XIII, pp. 11-13 (trad. franç. Jankélévitch et Hesnard, *Essais de psychanalyse, Au-delà du principe de plaisir,* Paris, Payot, 1972, pp. 16-17).

liser l'alternance des départs et des retours d'une mère, le *fort* et le *da* se disant aussi bien pour l'écartement et le rapprochement d'un être que d'une chose. Mais pour l'enfant lui-même, on peut considérer que la syllabe adverbiale était en train de devenir un signe par le fait de sa contiguïté temporelle avec le mouvement. Aussi faut-il se demander si le jeu n'était pas plus verbal que gestuel, le plaisir procédant principalement de la répétition d'un lien associatif entre un son et un processus comportemental, le son devenant ainsi un signe, le processus acquérant ainsi un sens.

En vérité, les deux points de vue, celui de l'adulte spectateur et de l'enfant acteur, ne sont pas aussi divergents qu'il y paraît à première vue. Si les sons *fort* et *da* ont déjà acquis une signification pour l'enfant, dans un temps antérieur à celui du jeu que Freud nous rapporte, alors il est vrai que le fait de les prononcer à propos des actes du scénario ludique a pour effet d'augmenter l'effet ou la valeur expressive de ceux-ci, en les associant à tous les événements virtuellement compris dans les signes vocaux, par exemple au rythme des départs et des retours de la mère. Par contre, dans le cas où l'on suppose que l'enfant est occupé à un jeu verbal, consistant à associer une alternance de voyelles à une alternance de mouvements et faisant partie de l'apprentissage progressif du langage, on peut estimer qu'il est en train d'asseoir ainsi un certain nombre de sons dans leur rôle de signe, en les liant d'une manière répétitive à un certain nombre de phénomènes qui du coup deviennent des signifiés. Mais tout compte fait, même en se plaçant dans cette dernière perspective (qui est plus celle du psychologue que du linguiste) on en arrive toujours au fait d'une liaison mobile et déplaçable entre un ensemble de sons et une série d'événements.

Les sons ayant acquis leur signification, ils peuvent s'appliquer à des ensembles réels analogues à ceux aux-

quels ils se sont appliqués au moment de leur transformation en signes. Les mêmes syllabes pouvant s'adapter aux
allers et retours d'une mère comme aux alternances de
disparition et d'apparition d'une bobine, elles deviennent
les instruments d'un fonctionnement mental nouveau,
d'une sorte nouvelle de pensée, celle qu'on pourrait appeler métaphorique au sens originaire du terme et qui
consiste à transférer une situation sur une autre, à l'y
superposer pour en apercevoir les ressemblances et plus
tard les différences. Par l'émission des syllabes *fort* et *da*,
l'enfant révèle dans la situation où il se trouve avec sa
mère une alternance qu'il a commencé par découvrir en
jouant avec une bobine ou bien il fait apparaître dans son
maniement de la bobine une trame analogue à celle qui
marque ses rapports à la mère.

Dans l'interpétation qu'il nous a donnée du jeu de la
bobine, Freud a vu le « transfert » dans la deuxième des
deux directions que nous venons d'indiquer. Des deux
syllabes ponctuant respectivement le rejet et le retour de la
bobine, il est remonté à la relation de la mère à l'enfant et à
la périodicité de ses départs et de ses retours, comme s'il
était évident à ses yeux que les deux ensembles vocaliques
avaient commencé par se constituer en signes par association aux comportements de la mère. Or rien n'est moins
sûr. Sans renoncer à l'importance psychique ou psychanalytique de ce jeu, on peut se placer dans une direction
inverse et supposer que l'*analogon princeps* des ensembles
vocaliques a été le jeu de la bobine, l'alternance de ses
allées et venues étant transférée ensuite, par le moyen de
la parole, à l'alternance des départs et des retours de la
mère.

Ce qui peut nous faire pencher vers la dernière hypothèse, c'est tout ce que nous avons dit, dans notre précédent chapitre, sur la nature et le rôle de l'objet transitionnel. La bobine était probablement pour l'enfant un de ces

objets transitionnels, c'est-à-dire une chose familière devenue, plus que le corps de la mère, l'enjeu passager de ses
envies et de ses craintes, de sa tendance à posséder et de
sa peur de perdre, l'une n'étant que le revers ou l'envers
de l'autre. L'enjeu devint jeu quand l'enfant prit une part
active à la disparition et à la réapparition de la bobine.
C'est alors que ses dispositions psychiques se mirent à
entrer en jeu, que la double face du désir, l'avers étant la
tendance à posséder, le revers la peur de perdre, vint à
s'exprimer dans une alternance temporelle entre une scène
de perte et de disparition et une scène de réapparition et de
rentrée en possession. Un jeu de ce genre étant fortement
investi, étant plus proche de la réalité actuelle de ses dispositions psychiques, on peut supposer que l'enfant assi-
mila plus rapidement l'alternance des voyelles dans son
rapport à la bobine que dans ses rapports avec un corps
maternel dont les moments de présence et d'absence
s'étendaient sur de plus grands laps de temps et ne pouvaient donc pas s'opposer, se contraster, se dialectiser
dans une perception à court terme.

Ce qui est vrai, c'est qu'une fois chargée de la référence
à la succession rythmée des disparitions et réapparitions de
l'objet transitionnel, l'alternance des voyelles peut se repor-
ter sur la relation à la mère dans la mesure où s'y dégagera
pour l'enfant une succession de départs et de retours analogue à celle qui rythmait le jeu de la bobine. Bien plus, il
ne faut peut-être pas écarter l'idée que cette alternance
puisse par elle-même, par le fait même de son existence
ou de sa constitution, aider l'enfant à découvrir dans une
grande variété de situations ou d'événements une structure
semblable à celle qu'elle avait commencé par ponctuer,
les accidents de la relation entre la mère et l'enfant n'étant
que l'une de ces situations. Enfin, quelles que soient les
circonstances où elle acquit pour la première fois sa signification, quel que soit le premier objet transitionnel dont

elle accompagna les mouvements divers, l'alternance des voyelles peut finir par devenir elle-même un objet transitionnel, autonome, ayant sa propre capacité expressive et apaisante, comme le montrent les exemples d'enfants qui s'apaisent et s'endorment aussi sereinement en vocalisant qu'en triturant un morceau de drap.

*  *
*

Ce qu'il importe de retenir de tout cela pour une théorie de la prise de conscience, c'est d'abord que le langage favorise ce que j'ai nommé le fonctionnement métaphorique de la pensée. Assurément, je ne suis pas de ceux qui assimilent langage et pensée. Mes développements antérieurs ont assez montré que la pensée était active dès lors que se produisent hallucinations ou rêves, par conséquent bien avant que le langage n'entre en jeu. Mais il est vrai que son apparition change la pensée, lui donne en tout cas la possibilité d'un fonctionnement nouveau. Par son autonomie, par sa mobilité, par sa capacité de déplacement, il permet le rapprochement entre des situations distinctes, il institue la comparaison, il favorise le dévoilement des analogies. Par les transferts qu'il effectue, il fait découvrir dans une situation nouvelle des propriétés déjà découvertes dans une précédente.

Qu'en découle-t-il pour l'expression des dispositions psychiques? En se donnant libre jeu dans le maniement des objets transitionnels, celles-ci gagnaient, avons-nous vu, de la stabilité, de la visibilité, mais tout en restant accrochées à l'objet qu'elles investissaient. Le langage les en décroche. Plus exactement, il fait fonctionner la pensée de manière à rendre les objets permutables, interchangeables, donnant ainsi de la consistance, de la constance au jeu des dispositions psychiques. Revenons encore une fois au jeu de la bobine. Grâce à la signifiance, si je puis ainsi m'exprimer, acquise par l'alternance du a et du o, la crainte de perdre et l'envie de récupérer peuvent se détacher du premier objet autour duquel elles se jouaient pour s'attacher à d'autres objets autour desquels il leur est loisible de répéter leur même jeu. Les objets deviennent accessoires, mais le jeu continue et subsiste. A la faveur de la constance des signifiants, les signifiés se multiplient qui peuvent, chacun à leur façon, servir de support au jeu des dispositions psychiques. Celles-ci y acquièrent ou s'y découvrent une permanence d'autant plus manifeste que les objets sur lesquels elles portent se révèlent plus contingents, plus interchangeables entre eux. Il y a là une transformation psychique qui ressemble et peut être le prélude à la constitution d'une phrase dont le verbe unit une grande variété de sujets à une grande variété de compléments.

*
*    *

Les auteurs psychanalytiques assignent à la réception auditive [1] un rôle important dans les processus de la prise de conscience. Voici un texte qui est significatif à cet égard : il se trouve dans l'étude de Freud qui se rapproche le plus des problèmes que nous traitons dans ce livre, *Das Unbewusste* :

« Quand à un patient on communique une représentation qu'on a devinée, mais que, lui, refoulait, cela ne change rien dans l'immédiat à son état psychique. Surtout cela ne lève pas le refoulement, cela ne résilie pas ses effets, comme on pourrait peut-être s'y attendre en raison de ce que la représentation autrefois inconsciente est maintenant devenue consciente. Au contraire on n'obtient dans l'im-

---

[1] « La perception auditive offre de plus grandes possibilités de projections fantasmatiques que la perception visuelle », René Major, Langage de la perversion et perversion du langage, dans *La sexualité perverse*, Paris, Payot, 1972, p. 105.

médiat qu'une nouvelle récusation de la représentation refoulée. Mais en réalité, le patient dispose maintenant de la même représentation sous une double forme, à des places différentes de son appareil psychique : premièrement, il a le souvenir conscient qui s'attache à la trace auditive ayant la représentation pour objet et laissée par la communication; deuxièmement, à côté de cela, il porte en lui, comme nous le savons avec certitude, le souvenir inconscient qui s'attache à ce qui a été vécu et qui en reste à sa forme ancienne. En fait, une levée du refoulement n'intervient qu'à partir du moment où, les obstacles étant vaincus, la représentation consciente est entrée en liaison avec la trace inconsciente du souvenir. Ce n'est que par la prise de conscience de cette dernière elle-même que le résultat est atteint. Par-là il semblerait donc, à s'en tenir à une considération superficielle des choses, qu'on ait démontré que les représentations conscientes et inconscientes sont les textes différents et topiquement séparés d'un même contenu. Mais la considération suivante montre que l'identité de la communication avec le souvenir refoulé du patient n'est qu'apparente. Le fait d'avoir entendu et le fait d'avoir vécu sont deux choses de nature psychologique entièrement différente, même quand elles ont le même contenu. *Das Gehörthaben und das Erlebthaben sind zwei nach ihrer psychologischen Natur ganz verschiedene Dinge, auch wenn sie den namlichen Inhalt haben.* » [1]

Ce texte est instructif à plusieurs égards. Il répond d'abord aux nombreuses questions que le profane peut se poser au sujet de l'utilité d'une interprétation dans le cours d'une psychanalyse. Il évoque aussi le problème du refoulement, de sa levée comme des obstacles à sa levée. Mais ce n'est à aucun de ses deux points de vue qu'il nous

---

[1] FREUD S., *Das Unbewusste*, G.W., X, p. 275 (trad. franç. Laplanche et Pontalis, *Métapsychologie*, Paris, Gallimard, 1968, pp. 80-81).

intéresse pour le moment mais plutôt à celui de la théorie que nous essayons d'élaborer. Or, à cet égard, la dernière proposition est importante qui nous affirme que le fait d'avoir entendu et le fait d'avoir vécu sont deux choses de nature psychologique entièrement différente, même si elles portent sur un contenu identique. Affirmation générale qui relève de la psychologie et dont nous pouvons faire notre profit pour comprendre le rapport entre le langage et la prise de conscience.

N'oublions pas que le langage est un phénomène principalement auditif, même si sa production met en jeu l'appareil phonateur et qu'il puisse se médiatiser par l'écriture, phénomène visuel. C'est à cet aspect auditif du langage que se rapporte Freud, dans la finale du passage que je viens de transcrire, pour marquer sa différence de nature avec l'aspect « vécu » d'une expérience. Entendre parler de son expérience et avoir vécu son expérience, voilà deux choses qui seraient hétérogènes, tout en ayant la possibilité d'être en *rapport* l'une avec l'autre et cela en *se rapportant* à un même contenu.

Peut-on admettre que des choses hétérogènes entrent en rapport mutuel? Que peut donc être ce contenu identique qui soit capable de les mettre en rapport? Plutôt que de nous engager dans des raisonnements, voyons si nous pouvons, dans une démarche provisoire plus simple et plus concrète, nous appuyer sur un exemple. Nous ne devons pas aller le chercher bien loin. Nous n'avons qu'à revenir au jeu, tout ensemble vocal et gestuel, de la bobine. Il se prête bien à notre propos actuel, à une condition toutefois : que nous n'attachions momentanément aucune importance au fait que c'est l'enfant, et non une autre personne, qui produit l'alternance des voyelles qui accompagne le rythme du jeu. En réalité, quand nous nous parlons, nous nous entendons. Même si nous sommes actifs pour produire les sons, nous sommes passifs quand notre oreille les reçoit.

Chez l'enfant à la bobine, il est probable que le jeu consistait surtout à entendre une alternance de voyelles en liaison étroite avec une alternance gestuelle. En tout cas, en faisant abstraction du rôle actif qu'il jouait en utilisant son appareil phonateur, son jeu peut être pris comme un exemple de la mise en rapport de deux choses hétérogènes : une alternance de signes auditifs et une alternance de gestes comportementaux, l'une redoublant l'autre, l'une étant comme la doublure de l'autre.

Mais où est le contenu identique? Toute la question est là. Il s'agit de découvrir un troisième ou un moyen terme, celui-là même qui soit en mesure de rapporter l'une à l'autre les deux séries hétérogènes. Dans la ligne de nos exposés, on pensera naturellement à la disposition psychique, celle-ci étant la même à jouer dans l'alternance vocale (sur le mode auditif) et dans l'alternance gestuelle (sur le mode comportemental). Schéma séduisant, qui n'est pas sans rappeler le système spinoziste aux termes duquel les modes respectifs de la pensée et de l'étendue communiquent entre eux par le fait de l'appartenance de chacun des deux attributs à une même et unique substance. C'est en participant à une même substance émotionnelle ou psychique que les deux modalités, l'une appartenant au registre vocalique, l'autre au registre comportemental, seraient en mesure de se rapporter l'une à l'autre, de se superposer, de se redoubler mutuellement. Hélas, la séduction peut cacher une faiblesse. Toutes les objections qu'on a faites au système de Spinoza, il faut les refaire à notre schéma explicatif. En particulier, que peut être cette substance, sinon une simple inconnue destinée à affirmer qu'il y a un rapport entre la pensée et l'étendue. Ce n'est qu'un nom mis sur la proposition énonçant le fait évident que les modalités de la pensée sont en rapport avec les modalités de l'étendue. De même dans le jeu de la bobine, la disposition psychique à laquelle on s'empresse de recourir n'est peut-être qu'une autre manière de dire qu'il y a un rapport de redoublement entre une alternance sonore et une alternance motrice.

Le schéma spinoziste méconnaît en fait l'hétérogénéité radicale des deux séries, la vocale et la gestuelle. Il n'admet qu'une différence à l'intérieur de l'homogénéité corporelle. Il ne prend l'alternance vocale que pour une alternance sonore, comme si les sons entendus n'avaient aucune signification ou n'étaient pas des signes renvoyant à autre chose qu'eux-mêmes. En voyant les choses ainsi, il se contente d'expliquer le jeu comme le déroulement d'un même processus dans deux modalités corporelles, en deux lieux corporels, celui de l'audition et celui de la motricité, qui pour être distincts n'en sont pas moins deux simples subdivisions du même espace corporel.

Certes, nous connaissons des activités humaines où l'effet recherché est obtenu par une espèce de résonance entre des modalités sensorielles différentes ou entre une modalité sensorielle et motrice, comme dans le cas d'une course d'aviron scandée par des cris. On utilise alors le corps selon la perméabilité ou l'interdépendance de ses parties, selon ses possibilités synesthésiques et synergétiques. Le jeu de la bobine fut-il de cet ordre? Freud ne le pensait pas et avait sans doute raison de ne pas le penser, surtout pour avoir perçu dans les deux sons a et o autre chose que de simples cris, pour y avoir entendu la forme abrégée de deux adverbes, *fort* et *da*, bref pour avoir entendu ces sons comme des signes.

Si les sons alternés sont des signes, nous nous trouvons alors devant deux séries non seulement différentes et distinctes en leur topographie corporelle, mais encore psychologiquement hétérogènes : d'un côté, des mouvements rythmés de rejet et de reprise, par conséquent des comportements ne renvoyant qu'à eux-mêmes, de l'autre des sons également rythmés, mais ayant acquis ou à tout le moins étant en train d'acquérir la propriété de renvoyer à des comportements semblables, à des objets disparaissant et réapparaissant comme la bobine. A supposer même, comme nous étions enclins à le faire au début de ce chapitre, que dans ce jeu les sons n'eussent pas encore acquis leur signifiance, mais fussent en train de l'acquérir par leur association répétée aux mouvements de disparition et de réapparition, il reste qu'au bout du compte, au bout de l'apprentissage ou du conditionnement, c'est principalement aux sons qu'est déléguée la fonction signifiante et non aux mouvements. C'est à ceux-là que sera dévolu le pouvoir de renvoyer à d'autres situations, à d'autres alternances, à d'autres événements. Finalement, on se trouve devant deux séries d'éléments : la première dans laquelle les éléments se renvoient les uns aux autres selon leur articulation comportementale, la seconde où en sus de cette articulation immanente à l'ensemble, chaque élément renvoie à des éléments externes, par sa vertu de signe.

L'hétérogénéité est alors aussi totale que possible. C'est une différence qui inclut la différence corporelle mais en la dépassant. C'est une hétérogénéité dont la méconnaissance est responsable de l'erreur spinoziste, erreur qui amena le philosophe à prendre la pensée et l'étendue pour des attributs « homogènes » d'une même substance fondamentale, erreur qui se glisse encore aujourd'hui dans des théories et même dans des pratiques psychologiques. C'est cette hétérogénéité entre deux séries qu'il faut avoir bien comprise avant de chercher à savoir ce que peut être le contenu identique qui les met en rapport. Après ce que nous venons de dire, il n'est plus possible de considérer celui-ci, dans le jeu de la bobine, comme une espèce de substance émotionnelle, également présente dans l'alternance vocale et dans l'alternance motrice. Il nous faut le définir en tenant compte du fait qu'une des deux séries est composée d'éléments signifiants.

Tant que ce jeu n'était qu'un moment d'apprentissage, les éléments d'une série étant associés aux éléments de l'autre, il n'y avait qu'un renvoi mutuel de l'une ou l'autre. Mais dès lors que les sons se furent constitués en signes, cette réciprocité diminua au profit d'une espèce de transitivité. L'audition des adverbes — *fort* et *da* — faisait que se trouvaient ou allaient se trouver évoqués, à l'occasion des départs et des retours de la bobine, les départs et les retours d'autres objets, par exemple d'une mère. Lorsqu'à la mère, l'enfant dira *fort* ou *da*, il y aura en lui comme une évocation, à tout le moins virtuelle, de la colère avec laquelle il lui sera arrivé dans son jeune passé de rejeter des objets ou de la joie avec laquelle il lui aura été donné d'en retrouver. A mesure que l'imagination de l'enfant progressera, l'évocation amorcée par les mots pourra devenir actuelle et rappeler effectivement à la mémoire d'autres situations auxquelles les mots s'étaient déjà appliqués. En quoi y a-t-il une transitivité nouvelle? Prononcés dans une situation donnée, les adverbes *fort* et *da* transféreront à cette situation les propriétés d'autres situations, ils feront passer l'esprit de l'auditeur de la première aux autres. Comme on le voit, bien loin d'être une substance sous-jacente, le contenu identique sur lequel nous cherchons à mettre le doigt est plutôt une sorte de point-limite à la hauteur duquel des événements ou des situations différents par leur objet et par leurs coordonnées spatio-temporelles se rejoignent, livrent leur ressemblance, leurs éléments identiques.

Nous pouvons comprendre maintenant ce que signifie *identifier* ses dispositions psychiques. Avant l'intervention du langage, les dispositions psychiques avaient l'habitude de jouer dans les relations de l'enfant aux personnes de son entourage ou aux objets de son espace transitionnel. Elles modulaient toutes ces relations de moment en moment, de situation en situation. D'une situation à l'autre, d'un objet

à l'autre, l'observateur extérieur pouvait constater des si-
militudes et des différences dans la modulation. Mais pour
le sujet lui-même, chaque situation était vécue pour elle-
même et en elle-même, quel que fût l'effet de la loi de
généralisation jouant entre des situations différentes. Avec
chaque objet particulier, l'enfant mettait en jeu ses dispositions du moment. Il était comme immergé dans le jeu, dans
le moment, dans le jeu du moment. Par le langage, par les
mots, par les phrases, d'autres moments, d'autres jeux
sont appelés à la rescousse, sont rappelés, sans être toutefois reproduits ou rejoués réellement. C'est le rôle méta-
phorisant ou transférentiel du langage. De ce transport
psychique d'une situation à une autre, d'un jeu à l'autre,
l'effet est double : d'une part, le sujet se dégage de la
situation particulière du moment, d'autre part, il donne au
jeu des dispositions psychiques une certaine existence autonome, indépendante de la présence de tel ou tel objet
particulier. La disposition psychique en sort comme identi-
fiée, par l'identité même de son jeu en des occurrences
diverses. Sans doute risque-t-elle d'y perdre quelque chose
de la complexité avec laquelle elle s'exprimait en chaque
circonstance particulière, mais tel est le prix de toute identification : ce que la disposition gagne en constance, elle le
perd en nuance.

Il a été dit plus haut que le langage donnait à la pensée
un fonctionnement nouveau. Tant qu'elle ne peut pas dis-
poser de la vertu transférentielle ou métaphorique des
mots, la pensée se borne à être opérante dans le choix des
images (hallucination pure), ou dans le choix des liaisons
entre des images (rêve), ou enfin dans la programmation
des actes se rapportant à l'objet partiel ou transitionnel.
Quand elle dispose de l'usage des mots, elle peut devenir
discursive en s'employant à parcourir toute une série de
situations distinctes, parcours nombreux, en aller-retour,
au terme desquels une disposition psychique révélera ce

pouvoir de récurrence qui seul permet son identification. En définitive, penser une disposition psychique, ce n'est pas se retourner sur soi-même pour fouiller dans une intériorité obscure et sans fond, c'est voir ou imaginer des situations diverses où eut lieu un jeu identique, c'est voir ou imaginer des objets distincts autour desquels se développa ou put se développer un même processus émotionnel. Dans ce sens, il est permis de dire que l'enfant pense très tôt ses dispositions psychiques. Il pense très tôt ses peurs et ses envies, non pas selon une conscience réflexive qui suppose la thématisation de la distinction entre soi et autrui, mais selon ce processus discursif qui consiste à employer les mêmes mots pour une série de mêmes gestes exécutés dans des situations différentes, de mêmes émotions éprouvées avec des objets différents.

*
*  *

Peut-être estimera-t-on que nous avons mis trop de temps à analyser le double registre du jeu de la bobine, peut-être objectera-t-on qu'il est dangereux de s'appuyer sur un exemple si élémentaire, si précoce, pour comprendre le rapport des dispositions psychiques au langage et à la pensée. Aussi passons de la petite enfance à l'âge le plus adulte, par un bond qui ne laissera pas d'étonner, peut-être même de choquer. Et pour rester dans la famille de l'enfant à la bobine, passons du petit-fils à son grand-père, c'est-à-dire à Freud lui-même. En voyant comment celui-ci est arrivé à un des concepts fondamentaux de la psychanalyse, le complexe d'Œdipe, nous devrons peut-être accepter l'idée, en apparence saugrenue et offensante pour l'adulte, que l'identification d'un ensemble de dispositions psychiques par le créateur de la psychanalyse s'est faite selon des mécanismes semblables à ceux dont nous avons vu les amorces chez son petit-fils. Ce ne sera pas la première fois en psychologie qu'on verra se rétrécir le fossé que nous avons l'habitude de creuser entre les âges. D'autre part, après un certain nombre de développements qui ont pu donner l'impression que nous dérivions vers une psychologie génétique du jeu ou du langage, la référence à l'exemple de Freud, notamment au processus d'une de ses plus importantes découvertes, replacera notre chapitre dans sa vraie perspective, celle de la théorie de la prise de conscience.

Dans une lettre à son ami, Wilhelm Fliess, en date du 15 octobre 1897, Freud parle une fois de plus de son autoanalyse : « *Mon autoanalyse est en fait la chose la plus importante que j'ai maintenant et promet de devenir de la plus haute valeur pour moi, si elle arrive à s'achever.* » Suivent alors des détails fournis par sa mère au sujet de la bonne d'enfants qui s'occupa de lui pendant une partie de sa petite enfance et fut prise en flagrant délit de vol et punie de dix mois de prison, détails qui permirent à Freud d'expliquer certains éléments d'un rêve qu'il venait de faire et où cette bonne l'avait entraîné à voler de l'argent à une mère, ainsi que de comprendre une scène qui lui revenait régulièrement à la mémoire depuis 29 ans et où il criait désespérément après sa mère, voyait son frère Philippe ouvrir une caisse pour l'y chercher, et ne l'y trouvant pas se mettait à pleurer de plus belle jusqu'au moment où elle apparaissait à la porte, svelte et belle, *schlank und schön*. Après quelques mots d'interprétation sur cet étrange comportement qui consistait à rechercher une mère absente dans une caisse, *eine Kasse*, terme qu'il met en rapport avec une expression favorite qu'utilisait précisément son frère Philippe pour parler d'emprisonnement, *einkasteln* (embastiller, encasteler), il suppose avoir été au courant dès le plus jeune âge de l'incarcération de la bonne d'enfants et pris certaines absences de la mère comme étant aussi l'effet d'une incarcération, d'un « encastellement». Soit dit en passant, remarquons comment selon l'interprétation de Freud, ce serait un jeu de mots qui serait responsable de l'assimilation entre le départ de la bonne et le départ de la mère, ce qui confirmerait notre hypothèse selon laquelle le langage donne à la pensée la possibilité de fonctionner sur le mode métaphorique, transférentiel ou discursif. Mais revenons à la lettre. Après ces petits morceaux d'interprétation auxquels les lettres antérieures avec Fliess et les premiers écrits publiés par Freud sur l'hystérie nous avaient déjà habitués, le ton monte insensiblement pour évoquer l'aridité de ce travail d'autoanalyse, son caractère inachevé, ses complexités, pour insister sur l'excellence de l'exercice qui consiste à être tout à fait honnête avec soi-même : *ganz ehrlich mit sich sein ist eine gute Übung.* C'est alors qu'il dit à son correspondant que pendant ces derniers temps « une seule pensée de valeur générale s'est levée en lui » *(ein einziger Gedanke von allgemeinen Wert ist mir aufgegangen).* Cette pensée importante, pour ne pas dire solennelle, la voici : « *la passion amoureuse pour la mère et la jalousie à l'égard du père, je les ai trouvées en moi aussi et je les tiens maintenant pour un fait général des débuts de l'enfance, même s'il n'est pas toujours aussi précoce que chez les enfants à constitution hystérique* ». Vous vous demandez à quoi peut bien nous renvoyer l'adverbe *aussi.* Comme vous allez le voir, ce n'est pas seulement aux personnes hystériques chez qui Freud a déjà découvert depuis un certain temps ces passions de nature incestueuse. Le texte de la lettre continue : *s'il en est ainsi, on comprend alors la force poignante* (agrippante, faudrait-il traduire) *du roi Œdipe en dépit de toutes les objections que la raison élève contre l'hypothèse d'un destin, et on comprend pourquoi, plus tard, le drame de destinée devait misérablement échouer. Contre la force individuelle arbitraire, comme dans l'Aïeule, etc. On suppose que c'est*

*notre sensibilité qui se cabre, mais la légende grecque
soulève une force que chacun reconnaît pour en avoir
éprouvé l'existence en soi. A chacun des auditeurs, il est
arrivé d'avoir été en germe et en imagination une sorte
d'Œdipe, et devant la présentation d'une réalité qui accomplit le rêve, chacun recule épouvanté, de toute la force
du refoulement qui sépare son état infantile de son état
présent »* [1].

Plusieurs phrases de ce texte sont obscures. Pour les
comprendre, nous disposons heureusement d'un texte pa-
rallèle, beaucoup plus long et plus explicite, celui de la
*Traumdeutung* [2], où l'on voit Freud partir d'un problème
qu'il avait retenu de ses humanités et qui relève de ce
qu'on pourrait appeler l'académisme scolaire. Est-il bien
vrai, se demande-t-il, de supposer avec la critique littéraire
traditionnelle que la tragédie de Sophocle, Œdipe-Roi,
nous émeut en raison de l'opposition entre la volonté
toute-puissante des dieux et la faiblesse des vains efforts
de l'homme pour échapper à son sort? Il ne le pense pas.
La preuve, c'est l'insensibilité où nous laissent les tragédies écrites par des auteurs modernes sur ce même
contraste entre la puissance des oracles et l'inutilité des
efforts humains pour y échapper. *« Si Œdipe-Roi n'ébranle
pas moins l'homme moderne que les Grecs contemporains
(de Sophocle), la solution ne peut résider qu'en ceci : l'effet de la tragédie grecque ne repose pas sur le contraste
entre le destin et la volonté humaine, mais il faut le chercher dans la nature particulière du contenu matériel sur
lequel on démontre ce contraste. »* [3] Le raisonnement de
Freud est simple, bien qu'il repose sur l'idée d'un change-

[1] FREUD S., *Aus des Anfängen der Psychoanalyse, 1887-1902, Briefe an
Wilhelm Fliess,* Fischer Verlag, Frankfurt am Main, 1962, pp. 191-193.
[2] FREUD S., *Traumdeutung,* G.W., II/III, pp. 267-271 (trad. franç.
Meyerson et Berger, P.U.F., 1967, pp. 227-230).
[3] FREUD S., *op. cit.,* p. 268 (trad. franç. citée, p. 228).

ment culturel. L'homme moderne n'étant plus aussi sensible à la dialectique « dieux-hommes » que l'homme antique, comme le prouverait le peu d'émotions que suscitent en nous, à l'heure présente, les tragédies qui ne font appel qu'à cette dialectique, la tragédie de Sophocle continuant toutefois à nous émouvoir autant qu'elle émouvait les contemporains de l'auteur, il faut bien admettre que son ressort psychologique réside plus dans le contenu que dans la forme.

Freud s'est-il rendu compte que sur l'exemple particulier de la tragédie de Sophocle, il posait et résolvait un problème général? Comment se fait-il qu'en dépit du changement inévitable des mentalités, de génération en génération, de siècle en siècle, l'œuvre écrite dans une époque puisse encore intéresser et émouvoir les hommes d'une autre époque. C'est un problème qui se pose en philosophie comme en littérature, comme dans tous les arts. C'est le problème que soulevait Merleau-Ponty quand il se demandait pourquoi Platon continue à nous intéresser, à nous parler. La réponse de Freud repose sur la distinction classique entre le contenu formel et le contenu matériel d'une œuvre. Les contenus formels changent d'une époque à l'autre. Si l'effet de certaines œuvres s'étend sur les siècles en dépit de ces changements formels, cela ne peut être qu'en raison de l'universalité du contenu matériel.

Quelles conclusions en tirer pour une théorie de la prise de conscience? La tragédie de Sophocle a permis à Freud d'identifier ses dispositions psychiques, celles qu'il portait à son père et à sa mère. Ce qu'il vient d'entendre (en lisant Sophocle) et ce qu'il a vécu sont deux choses de nature psychologique entièrement différente, mais qui ont un contenu identique.

L'analyse que nous avons faite du jeu, à la fois vocalique et gestuel, de la bobine, peut donc s'appliquer telle quelle à la liaison qui s'établit chez Freud entre son expérience ou ses fantasmes d'une part et l'histoire racontée, entendue d'Œdipe-Roi d'autre part. Celle-ci est un *ensemble de signes* qui le renvoyait notamment à sa dynamique intérieure. Elle lui permit l'identification de ses désirs et de ses sentiments.

C'est dire l'importance de la littérature [1], des œuvres artistiques en général et même des théories de la psychologie scientifique, pour le travail d'identification de ces nombreuses et mystérieuses dispositions psychiques auxquelles est livré l'être humain, dès son plus jeune âge, bien avant que de parler et de se connaître. Dans nos civilisations, les signes sont nombreux qui permettent à des hommes de découvrir un certain nombre des notes communes qui définissent l'humanité, au-delà de ses différences, de ses contingences et de ses réalisations singulières. L'expérience de chacun et l'*exposé* de l'expérience des autres constituent deux séries parallèles, à coup sûr hétérogènes, comme le sont le fait de vivre et le fait de parler de la vie, mais qui ne s'en rapportent pas moins l'une à l'autre en raison d'un contenu identique, que chaque jour de l'histoire humaine pourrait dévoiler davantage, si on se servait mieux et plus de la vertu discursive ou « transférentielle » que le langage donne à la pensée.

---

[1] Dans « *Un œil en trop. Le complexe d'Œdipe dans la tragédie* », Paris, Editions de Minuit, 1969, p. 285, André Green considère que la tragédie, dans sa fonction psychanalytique et sociale, « est un objet transitionnel collectif qui est et qui n'est pas ce qu'il représente ». Il nous semble qu'elle est un objet culturel, qui par son idéalité dépasse le niveau de l'objet transitionnel. *Mise en jeu* des dispositions psychiques, elle sert aussi à leur *identification*, même si celle-ci reste marquée d'une certaine méconnaissance de soi.

# CHAPITRE IX

## LA RÉALISATION MENTALE

Quelqu'un « réalise », dans le sens du verbe anglais, qu'il est égoïste. Avant la prise de conscience, il avait des conduites égoïstes. Il voyait son intérêt avant celui des autres. Il ne se gênait pas pour le confort des autres. Il n'hésitait même pas à accuser les autres d'égoïsme quand ceux-ci ne lui donnaient pas les biens qu'il leur demandait. Il savait donc bien, peut-être même mieux que n'importe qui, ce qu'est en réalité un égoïste. Seulement, il ignorait ou cherchait à ignorer qu'il en était un lui-même. Quel est alors le subtil changement intérieur qui se produit en lui quand il prend conscience de son propre égoïsme?

Voyons un exemple où la séparation entre l'existence d'une disposition psychique et sa connaissance par celui qui en est le lieu ne semble plus être que d'un fil. Il s'agit d'un moment prélevé dans une séance de psychothérapie d'un enfant de cinq ans. Il vient de prendre une feuille de papier et de dessiner dans le coin supérieur gauche une tache jaune qui peut faire songer au soleil, surtout si on se rapporte aux traits également jaunes qu'il fait émaner de la tache. En vérité, l'enfant ne confie pas la nature de ce qu'il dessine. A brûle-pourpoint, il demande au psychologue : *as-tu une femme*? Celui-ci lui répond par une question : *qu'est-ce que tu crois*? L'enfant ne relève pas cette dernière question, mais passe à d'autres ; *où est-elle*? *que fait-elle*? Le psychologue ne l'éclaire pas et observe simplement : *on dirait que tu es bien intéressé par ce que fait ma femme*. C'est alors que l'enfant lui rétorque : *bah! ta femme, caca*. Et il se met à dessiner sur la tache jaune des traits noirs, qu'il montre au psychologue en lui disant que c'est sa femme-caca. Le psychologue ne peut s'empêcher de conclure : *on dirait que tu n'aimes pas ma femme*. L'enfant ne relève pas la phrase, mais a l'air de passer à un autre jeu. Il prend la feuille de papier, en fait une fusée qu'il cherche à faire voler. Préoccupé de ne pas perdre le profit du matériel œdipien qui vient de se manifester d'une manière si patente dans les échanges verbaux qui ont précédé la fabrication et le vol de la fusée, le psychologue se hâte d'interpréter : *tu veux rejeter ma femme*.

Il ne m'est guère possible d'analyser tous les détails de cette séquence. Il faudrait que je relate les séances antérieures, que je donne les indices du fort transfert homosexuel qui s'y manifestait. Je ne tiens pas non plus à prendre l'une après l'autre les interventions du psychologue pour juger de leur pertinence. Dans le séminaire où nous avons l'habitude d'analyser les séances de psychothérapie, nous nous abstenons autant qu'il est possible de reconstruire les entretiens, de les recommencer sur de nouvelles bases théoriques, convaincus que nous sommes qu'il n'existe pas de schéma idéal par rapport auquel on pourrait juger le schéma réel des échanges tels qu'ils ont eu lieu. Il est trop facile, une fois en possession de toutes les données obtenues par l'entretien réel, d'imaginer un nouvel entretien, idéal celui-là, mais pensé et réfléchi dans une sérénité didactique. On ne peut jamais recommencer un entretien. Ce serait « faire le malin » avec les éléments qui ont précisément été apportés par cet entretien. Nous essayons de ne jamais oublier les différences qu'il y a entre se trouver engagé dans un entretien thérapeutique, où il faut faire vite, où il faut se décider à parler ou à se taire, à relever tel détail et à en laisser passer d'autres, sans qu'on ait la possibilité d'arrêter le mouvement de la pensée et des affects de l'interlocuteur et de soi-même, et d'autre part, se trouver en séminaire, occupé à analyser un entretien ayant eu lieu, dont on a commencé par entendre une première relation et dont on peut par conséquent interpréter les premiers échanges par ceux qui ont suivi ou qui l'ont terminé, mais que ne connaissait pas l'interlocuteur, au moment du déroulement du dialogue. Pour ne pas verser dans la tricherie qui guette toutes les supervisions et toutes les analyses *après coup*, nous essayons de nous abstenir de tout jugement normatif du genre : *vous auriez dû faire ou dire ceci ou cela*, et de garder la modestie de celui qui ne sait pas ce qu'il aurait fait ou dit s'il s'était trouvé à la place du psychothérapeute qui lui relate son entretien.

La discussion sur un entretien n'est légitime et profitable à tous qu'à la condition de se limiter à une analyse pure et simple des échanges, visant plus à trouver la cohérence et l'intelligibilité de leur enchaînement, dans le cours de l'entretien, qu'à comparer toutes les interprétations possibles d'une phrase isolée, tirée de l'ensemble. Or, c'est précisément dans cet esprit très analytique que je voudrais épingler, dans le morceau de séance que je viens de rapporter, l'épisode de la fusée de papier et le mettre en rapport avec les phrases du psychologue, aussi bien avec celle qui précéda qu'avec celle qui suivit cet épisode.

*       *
*

Le psychologue vient de faire à l'enfant une remarque qui est de nature à le mettre devant une de ses dispositions : *on dirait que tu n'aimes pas ma femme*. Par rapport à tous les éléments antérieurs de l'entretien, on peut se demander si l'enfant n'aime pas la femme du psychologue ou n'aime pas que le psychologue aime sa femme. La comparaison de celle-ci au *caca* est-elle destinée à exprimer la répulsion de l'enfant pour la femme en général et par conséquent aussi pour celle qui est l'épouse de son interlocuteur ou à faire en sorte que celui-ci ouvre les yeux sur la vraie nature fécale de son épouse et cesse d'aimer celle-ci à ses dépens? Voilà une question à laquelle nous ne pouvons guère répondre et à laquelle personne ne pourrait probablement répondre. Nous avons l'habitude de dire : « *c'est indécidable* ». De surcroît, chercher à y répondre, ce serait tomber dans le vice de supervisionisme que nous venons de dénoncer, ce serait nous placer en survol, dans une position dominatrice, en nous entretenant dans l'illusion qu'il serait possible de trouver une réponse qui donnerait tort ou raison au psychologue pour avoir prononcé les mots qu'il a prononcés : *on dirait que tu n'aimes pas ma femme*. En définitive, cette phrase est ce qu'elle est. Que l'enfant ait voulu exprimer sa répulsion à l'égard de la femme ou son désir de voir le psychologue rejeter sa femme, elle touche juste, dans la mesure où elle garde l'ambiguïté du comportement même de l'enfant. S'il n'aime pas la femme du psychologue, cela peut être aussi bien en raison de sa répulsion à l'égard de la femme qu'en raison de son désir de ne pas voir le psychologue aimer sa femme. D'ailleurs les deux motifs peuvent être vrais simultanément et conjointement.

Ce qui est certain, c'est que l'enfant n'a pas cru bon de continuer le dialogue avec le psychothérapeute sur le thème engagé par celui-ci. Il est passé à un acte, celui de la fabrication d'une fusée, et à un jeu, celui du lancer de la fusée. Est-ce à dire que dans le passage de la parole à des comportements, le thème de l'hostilité à l'égard de la femme du psychologue soit abandonné, délaissé pour une occupation plus agréable, sans rapport avec le thème? Ce n'est pas vraisemblable. Ce n'est pas parce qu'il cesse d'être, par le fait de l'enfant, un objet d'entretien verbal qu'il cesse d'être présent dans la relation de l'enfant au psychologue. Il n'est pas imprudent d'aller encore plus loin et de supposer que la fabrication et le lancer de la fusée est une manière de se défendre, en se tournant vers des comportements inoffensifs, contre la disposition psychique que vient de nommer le psychologue. L'enfant ne peut en parler, mais il peut en faire le sens d'un comportement ambigu. Celui-ci est un moyen de ne pas prendre conscience ou, plus exactement, de bloquer le processus mental qui pourrait aboutir à une prise de conscience.

Ce qui est surprenant dans notre exemple, c'est que cet enfant, après avoir eu l'audace de comparer la femme du psychologue à du *caca*, n'est cependant pas prêt à reconnaître qu'il ne l'aime pas et encore moins à admettre qu'il puisse en être jaloux en raison de son désir d'être aimé par le psychologue. Nous touchons ici du doigt la différence qu'il peut y avoir entre un acte mental de comparaison, fait dans les échanges spontanés d'un entretien et la *prise de conscience d'une disposition psychique*. Il n'y a là, pour l'observateur, qu'un fil, mais il faut admettre qu'il est aussi invisible que dangereux à toucher et à franchir. Nous dirons, pour commencer à comprendre la nature de ce fil de séparation, que l'enfant ne « réalise » pas que le fait de comparer une femme à un produit d'excrétion soit un signe qu'il ne l'aime pas ou qu'il éprouve à son égard les sentiments ambivalents qu'on peut éprouver pour ses selles. Il résiste à passer de la comparaison à sa raison. Il s'amuse à manipuler mentalement des objets, à rapprocher l'idée de la femme et l'idée de *caca*. C'est un jeu dont il ne voit pas l'argument, au sens que les critiques littéraires donnent à ce terme. «Réaliser», ce serait passer du scénario à son argument. Pour mettre ce passage sous forme de phrases, «réaliser» la disposition psychique consisterait dans notre exemple à substituer à la phrase: «*je dessine ta femme sous la forme de quelque chose que j'aime pas, le caca*» une phrase plus simple, plus concise: *... ta femme ... quelque chose que je n'aime pas ...*». Remarquons que dans la seconde phrase, on ne garde de la première que certains éléments: *ta femme ... quelque chose que je n'aime pas.* Il ne reste plus qu'un sujet, l'enfant, un complément d'objet, ta femme, et le verbe affecté de négation, ne pas aimer. La seconde phrase laisse tomber tout ce qui concerne le dessin, l'objet du dessin (les traits noirs), la valeur représentationnelle de l'objet du dessin (les traits noirs = caca). Nous arrivons ainsi à une hypothèse aussi intéressante que surprenante: la prise de conscience ne serait-elle pas la substitution d'une phrase simple à une phrase complexe, d'une phrase s'organisant autour d'une relation entre deux êtres à une phrase où la relation des deux êtres se trouve comme enrobée, comme morcelée, comme perdue dans une activité mentale plus large, où l'attention se trouve sollicitée par des éléments extérieurs à la relation: un dessin, des traits de crayon, l'idée de caca? Si notre hypothèse est juste, comme je suis enclin à le croire, une prise de conscience est un processus de dépouillement par lequel on laisse tomber tous les accessoires autour desquels se nouent et se jouent nos dispositions psychiques envers les autres pour ne plus garder, pour ne plus regarder que la disposition psychique à l'état pur, c'est-à-dire dans son état mental proprement dit.

Si je comprends bien certains textes de Lacan, je crois que je viens d'analyser, peut-être avec d'autres présupposés théoriques que les siens, ce qu'il entend par la distinction entre l'imaginaire et le symbolique. Quand l'enfant dessine quelque chose qui représente à ses yeux le caca et qu'il ajoute à l'adresse du psychologue que ce caca, c'est sa femme, il se meut au niveau de l'imaginaire. Si ce même enfant avait suivi la suggestion du psychologue et qu'il eût perçu son jeu et les paroles de commentaire dont il l'accompagna comme le *signe* ou l'*œuvre* de ses dispositions de rejet, il serait passé au niveau symbolique (sens lacanien du terme), il aurait pris conscience.

En fait, l'enfant n'a pas coupé le fil qui séparait son jeu de la disposition effective dont ce jeu était l'œuvre. C'est pourquoi l'énoncé du psychologue : *on dirait que tu n'aimes pas ma femme* semble le laisser indifférent. Il ne le relève pas. Il le laisse tomber. Plus exactement, il laisse tomber le dialogue et passe à des actes : fabrication de la fusée et son lancer. Répétons ce que nous avons déjà dit plus haut, laisser tomber un énoncé n'équivaut pas à oublier le thème sur lequel l'énoncé portait. Le thème subsiste, reste présent entre les deux, entre l'enfant et le psychologue, mais il ne va plus servir à la confection d'une phrase ni d'une pensée, mais à la programmation d'un jeu, c'est-à-dire d'un ensemble ou d'une séquence d'actes dont le sens apparent ou obvie aura pour effet de détourner l'attention du sens qu'il s'agit de cacher ou de brouiller. Venant après une phrase au contenu insupportable ou inassimilable, le comportement est une défense efficace, puisqu'elle détourne de la réalité psychique, mais une défense livre toujours quelque chose de la réalité qu'elle vise à occulter ou à faire oublier. Si elle ne s'y adaptait pas, elle ne remplirait pas son office. En d'autres termes, elle s'inspire nécessairement du thème qui formait le contenu des phrases antérieures qu'on a laissé tomber ou qu'on n'a pas relevées. Dans ce sens, un *acting* — dans notre exemple, c'est un *acting in* — n'est pas l'équivalent d'une négation. Si l'enfant avait répondu au psychologue qu'il se trompait, qu'il avait tort de penser que lui, l'enfant, n'aimait pas sa femme, il aurait répondu à une question ou à une impression du psychologue par une négation, il n'aurait pas laissé tomber l'énoncé. En réalité, en passant au jeu de la fusée, il a évité de répondre, il n'a répondu ni oui, ni non, il s'est placé à un niveau comportemental où il ne peut plus être question d'affirmation ou de négation, mais seulement d'une action ayant sa finalité propre.

*  *
*

Le mauvais psychothérapeute serait celui qui, voyant ses phrases tomber dans le vide ou ne recevoir aucun écho, croirait aussitôt à la disparition du thème ayant justifié ses phrases. Il serait dupe de la défense employée. On s'engage par contre dans le vrai travail psychothérapeutique quand, loin de se décourager des chutes du dialogue, on garde le thème par devers soi et on cherche à savoir ce qu'il devient dans les comportements qui se substituent aux paroles. C'est ce que fit le psychologue de notre exemple. Sans refuser le jeu de la fusée, il l'interpréta à la lumière du thème qui était apparu dans les échanges verbaux, celui de l'animosité de l'enfant à l'égard de sa femme. Quand voyant l'enfant lancer la feuille de papier sur laquelle il avait dessiné sa femme sous une figure fécale, le psychologue lui dit : *tu veux rejeter ma femme*, il dévoile la disposition qu'il estime cachée, mais opérante, dans l'action en cours.

Sans mettre en cause l'intervention du psychologue, imaginons pour les besoins de notre réflexion qu'il ait eu l'idée de coller davantage au comportement de l'enfant et lui ait dit : *tu jettes comme une fusée la feuille de papier sur laquelle tu as dessiné ma femme comme un caca*. Nous ne savons pas comment l'enfant aurait réagi à cette phrase. L'aurait-il laissé tomber moins rapidement que celle que le psychologue prononça effectivement ? Qui le dira ? Mais nous pouvons analyser la différence entre les deux interventions, celle que nous avons imaginée et celle qui fut le fait du psychologue, sans nous occuper de savoir laquelle eût été la plus opportune. Il est manifeste que l'énoncé que nous avons imaginé colle davantage, comme nous venons de le dire, à l'action de l'enfant. C'est un énoncé *descriptif*, qui se borne à traduire en mots ce que l'enfant a fait en geste, mais sans oublier que dans ce geste, la feuille de papier qui se trouve transformée en fusée porte un dessin que l'enfant a commencé par assimiler lui-même à un caca et à la femme du psychologue. Quant à l'énoncé effectivement produit, il est *interprétatif*, dans la mesure où il fait du comportement — le lancer de la fusée — le signe d'une disposition psychologique dont le véritable objet n'est pas la fusée, mais la femme du psychologue, et dont le véritable objectif n'est pas non plus le jet de la fusée, mais le rejet de cette femme qui risque de lui ravir l'attention et l'amour de l'homme auquel il est attaché.

La différence entre l'énoncé descriptif et l'énoncé interprétatif est d'abord quantitative. Le premier est plus long parce qu'il fait intervenir la feuille de papier, le dessin, le lancer de la fusée ainsi que l'objet du dessin, la femme = caca. Le second ne garde plus du précédent que le sujet principal et le verbe principal de la phrase et donne à ce verbe un complément (ma femme) qui dans l'énoncé descriptif se trouvait contenu, comme élément particulier, dans l'expression : *la feuille de papier sur laquelle tu as dessiné ma femme comme un caca*, expression qui y jouait tout entière le rôle de complément direct. Entre la première phrase, la descriptive, et la seconde, l'interprétative, c'est comme si avaient été biffés les mots *feuille de papier sur laquelle tu as dessiné ... comme un caca*, et n'avait été gardé que le mot, ma femme, qui devient ainsi le complément direct de « *tu jettes ma femme* ». Le remplacement de *jettes* par *rejettes* est le simple effet d'une contrainte sémantique qui veut qu'en français, jeter s'emploie pour une chose et rejeter pour une personne. C'est une légère modification qui s'impose par le fait qu'en raison du passage du premier énoncé au second, le complément direct n'est plus un objet, mais une personne.

Pour revenir maintenant à ce qui s'est passé entre l'enfant et le psychologue, nous devons constater qu'il n'y a pas eu cet énoncé descriptif, lequel se révèle toutefois, à l'analyse, comme le chaînon intermédiaire le plus logique entre le comportement de l'enfant, c'est-à-dire le lancer de la fusée, et l'énoncé interprétatif du psychologue : *tu rejettes ma femme!* C'est même l'absence de ce chaînon qui peut nous faire penser que le psychologue est allé trop vite, qu'il a brusqué la conclusion. S'il est arrivé à l'énoncé interprétatif, c'est qu'il avait commencé par traduire en phrase tout le comportement de l'enfant, mais qu'il n'estima pas nécessaire de la formuler tout haut dans toute son extension et qu'il alla tout de suite à la formule la plus courte, en biffant lui-même et sans le dire tous les éléments du comportement qui n'avaient pas trait aux personnes en jeu. Par cet empressement, il a voulu forcer une prise de conscience. Peut-être est-ce le moment? Ce n'est pas à nous, qui analysons la relation après coup, à en juger. Mais ce que nous pouvons faire, c'est de comprendre en quoi consistait la brusquerie de l'intervention et en quoi aurait consisté une intervention qui aurait moins forcé la prise de conscience.

Si le psychologue avait formulé l'énoncé descriptif dont sortit en fait, par le jeu des biffures que nous avons signalées, son énoncé interprétatif, il aurait peut-être perdu du temps, mais cette perte de temps aurait peut-être respecté davantage le rythme de l'enfant, le rythme de sa prise de conscience. En effet, l'énoncé long, celui que nous avons appelé descriptif, révélait par la vertu de la parole non seulement la disposition psychologique de l'enfant à l'égard de la femme mais encore la défense contre une prise de conscience de cette disposition, défense consistant à occulter celle-ci dans le jeu, en faisant porter davantage l'acte du rejet sur le papier que sur la femme (objet fécal) caché dans le papier. Aux jeunes psychologues cliniciens, on répète souvent qu'il faut analyser les résistances aux pulsions plutôt que les pulsions elles-mêmes. Dans notre exemple, ce conseil revient à donner à l'énoncé descriptif, reflet de la défense, la priorité sur l'énoncé interprétatif, reflet de la pulsion ou de la disposition psychique elle-même.

Il faut reconnaître que l'énoncé descriptif, à condition qu'il soit complet et ne laisse pas tomber les éléments personnels, présente sur l'énoncé interprétatif l'avantage de n'être pas discutable. Si le psychologue se borne à signaler à l'enfant qu'il jette en fusée la feuille de papier sur laquelle il a dessiné en caca sa femme, l'enfant ne peut que reconnaître le fait, il n'aura rien à discuter. Le processus de sa pensée ne s'engagera pas dans une polémique, mais dans un nouveau processus, lequel sera peut-être celui de la biffure et de la prise de conscience du véritable objet de son animosité et du véritable objectif de son acte, de son lancer. En revanche, si on saute par-dessus l'énoncé descriptif pour en arriver tout de suite à l'énoncé interprétatif, on favorise la discussion. En effet, de l'énoncé descriptif, l'enfant peut faire dériver, s'il veut se défendre, plusieurs énoncés interprétatifs : *je jette une fusée, je jette une feuille de papier, la feuille de papier est comme une fusée, je jette le caca, la fusée est ta femme,* etc. Toutes ces dérivations sont aussi légitimes si on se place uniquement au point de vue de l'opération de biffure. Si on veut amener l'enfant trop vite et trop brutalement devant ses dispositions psychiques à l'égard de la femme de son psychothérapeute, il opposera ces dérivations parallèles à la dérivation qui aura été privilégiée par le psychothérapeute. Il sera en discussion avec lui et cessera d'être en discussion avec soi-même.

*
*  *

De toute relation thérapeutique, il faut exclure le raisonnement et la discussion. Ni l'un ni l'autre ne favorisent la prise de conscience. Souvent ils l'empêchent parce qu'ils entretiennent entre les deux interlocuteurs une polémique où le narcissisme de chacun se donnera libre cours sous le couvert des idées. Or, il me semble qu'on évite l'impasse dans la mesure où on se borne à des énoncés descriptifs, laissant à l'interlocuteur le soin de l'interprétation ou de ce que nous venons d'appeler la dérivation. Il est impossible d'imposer une prise de conscience, mais il est possible d'analyser un comportement ou une association d'idées en les coulant dans un énoncé duquel l'individu pourra dériver ou induire la disposition psychique qui était à l'œuvre.

Cette *dérivation* constitue probablement le moment le plus important d'une prise de conscience. Nous avons essayé de l'illustrer par des processus s'opérant dans une psychothérapie, en nous attachant à certaines transformations propositionnelles. Mais il ne faudrait pas en conclure que toute prise de conscience se ramène à une pure substitution d'énoncés. Celle-ci n'est qu'une manifestation, dans le langage, d'une transformation mentale.

Dans un conflit avec quelqu'un, il est fréquent que l'attention s'accroche à un objet : on n'est pas d'accord pour l'acheter, le vendre ou simplement le déplacer. L'un en fait grand cas, l'autre le néglige. Il y a aussi de nombreuses discussions familiales qui tournent autour des mêmes choses, autour des mêmes paroles, autour des mêmes événements litigieux, sans que se produise aucune prise de conscience. L'attention des personnes en cause reste centrée sur des éléments tiers, différents et distincts de chacun des protagonistes. Ceux-ci font des histoires avec ces objets, ces paroles, ces événements. Leur subjectivité y est comme annulée ou comme noyée. Elle se réduit, pour chacun, à être un personnage de ces histoires, celles-ci étant plus importantes que les dispositions psychiques qui les soutiennent et les alimentent. Une prise de conscience s'amorce quand les objets pour lesquels on fait des histoires deviennent secondaires et subissent une radiation, se trouvent comme biffés, ne laissant plus en présence que les individus et leurs dispositions respectives.

En conclusion, nous pensons pouvoir dire qu'une réalisation mentale s'effectue quand une certaine réalité extérieure, objective, faite de choses, d'objets et d'événements, se trouve mise entre parenthèses, subit par conséquent un certain désinvestissement, laissant une disposition psychologique devenir proposition principale et se constituer en un élément de réalité intérieure. Alors le débat se centre autrement et devient une explication entre deux personnes, entre deux réalités intérieures, entre deux individus qui confrontent leurs dispositions mutuelles.

# CHAPITRE X

# ESPACE INTÉRIEUR
# ET RELATIONS EXTÉRIEURES

La psychologie traditionnelle nous a habitués à penser la prise de conscience en termes de mise à distance. Pour dominer nos dispositions psychiques et résoudre les conflits qui peuvent naître de leurs contradictions et de leurs oppositions, il faudrait, d'après cette psychologie à fortes tendances moralisatrices, mettre ces dispositions à une respectable distance de nous-mêmes, qui nous permette de les voir d'une manière objective et impersonnelle, comme nous voyons au-dehors de nous-mêmes les choses et les personnes qui nous sont réellement extérieures.

Toutes les méthodes de psychothérapie qui se sont développées depuis le début de ce siècle, notamment sous l'influence de la psychanalyse, visent à susciter un mouvement inverse. D'éloignées, d'extérieures au sujet, les dispositions psychiques doivent devenir intérieures, être perçues et acceptées comme le fait du sujet lui-même, comme les lignes de force de son propre psychisme.

Les quelques analyses que j'ai pu proposer de chapitre en chapitre prouvent que les dispositions psychiques d'un individu commencent par lui apparaître comme tout à fait extérieures à lui, comme éloignées de sa vie propre, et que c'est seulement par étapes et grâce à l'accroissement de ses moyens d'emprise sur le monde qu'il arrive à se rapprocher d'elles, à les rapprocher de soi, à les considérer comme siennes, comme composantes dynamiques de son psychisme ou de sa réalité intérieure.

A sa naissance, une disposition psychique se manifeste sous la forme simple et indifférenciée d'un malaise. Sauf dans les cas qu'on appelle aujourd'hui psycho-somatiques, où tout émoi se porte presque instantanément sur un organe et se transforme facilement en un dysfonctionnement de celui-ci, ce malaise initial n'est pas une douleur physique, il ne se localise pas dans un endroit précis du corps. Il est ce que nous ressentons quand nous disons que nous sommes mal dans notre peau. Il s'apparente à la souffrance morale. Plus exactement, il se situe entre la douleur physique, localisée, liée au mauvais fonctionnement d'une partie du corps, et la souffrance que nous éprouvons pour un motif connu, bien explicite. Il correspond sans doute à ce déplaisir, cet *Unlust*, que Freud rattachait à des phénomènes de tension. Pour nous, ce malaise serait la première forme d'existence et de manifestation de la disposition psychique. Il définirait comme la charnière entre la vie somatique et motrice d'une part et l'élaboration psychique d'autre part. Il serait comme un moment d'hésitation entre l'issue comportementale et le cheminement mental.

Chez un individu dont les capacités motrices et mentales sont fortement diminuées, soit par l'effet d'une drogue, soit par la régression du sommeil, ce malaise va se transformer en hallucination. La disposition psychique se sert de l'image la plus disponible, elle devient pure image, image plus ou moins effrayante, véhicule d'une force subie, procédant d'un espace absolu, travaillant dans cet espace où n'existe aucune distinction entre l'extérieur et l'intérieur, où l'extériorité apparaît comme telle, sans le contraste et le contrepoids d'aucune intériorité. Dans cet état, la disposition psychique se trouve dans le plus grand éloignement par rapport à l'individu, qui la subit comme venant d'un infini ou d'un abîme sans fonds et sans paroi.

Le rêve va rapprocher la disposition psychique de l'individu en qui elle est née. En utilisant des traces mnésiques, en les reliant les unes aux autres dans une histoire fictive, il enlève à l'image le caractère véhément et expansif qu'elle possède, quand elle est isolée et qu'elle est chargée à elle seule de toute la puissance de la disposition psychique. Il relie les images, les contrebalance les unes par les autres. Aucune d'elles ne représente plus, à elle seule, la nature et la force de la disposition psychique. Celle-ci se disperse sur un ensemble d'images et s'exprime alors dans la trame de l'histoire qui les relie. Histoire qui n'a certes jamais eu lieu, mais dont les éléments particuliers sont quand même empruntés à l'histoire réelle de l'individu, ce qui montre bien que la disposition psychique commence à apparaître comme une affaire propre à l'individu qu'elle travaille. En vérité, dans le rêve lui-même, l'individu ne se perçoit pas encore comme l'auteur de sa fiction. Même au réveil, celle-ci continue à lui apparaître comme étrange, sans doute parce que la disposition psychique qui s'y manifeste lui reste étrangère, éloignée, non reconnaissable, venant de l'extérieur et non pas de l'intérieur de lui. A l'hallucination brute, le rêve n'ajoute pas encore le contrepoids de l'intériorité, mais la loi des images, il ne les laisse plus se succéder d'après les infimes variations de la disposition psychique, mais il les associe d'après des propriétés qui leur sont propres, telle image évoquant telle autre image en raison de l'expérience passée du sujet, la disposition psychique ne pouvant plus alors s'exprimer que dans le choix des associations, que dans la sélection des images et des souvenirs. L'hallucination brute manifestait la disposition psychique d'une manière inhumaine, en termes de force cosmique. Le rêve réussit à la manifester en une fiction qui, pour rester étrange et souvent absurde, n'en ressemble pas moins à nos histoires humaines. On peut dire qu'à son niveau ou par son travail, les dispositions psychiques s'humanisent ou prennent figure humaine.

Tant dans l'hallucination brute que dans l'organisation onirique, la disposition psychique travaille avec des résidus de perception, c'est-à-dire avec des traces mnésiques, c'est-à-dire encore avec des éléments qui n'ont qu'une existence mentale. Elle opère dans un espace qu'on pourrait appeler strictement narcissique, où ne s'est pas encore tracée la distinction entre réalité et irréalité, ni *a fortiori* celle entre objectivité et subjectivité.

C'est avec l'investissement du corps, par le moyen des objets partiels, que la disposition psychique va prendre une valeur de réalité : l'amour, la haine, l'envie, la jalousie ou toute autre tension se porte maintenant sur le corps ou sur un objet corporel. Il est vraisemblable que dans cette phase aussi, l'investissement psychique commence par le corps d'autrui et ne se reporte sur le corps propre que dans un temps second, par une mesure de compensation, quand le corps d'autrui échappe à la prise effective. Mais quoi qu'il en soit de l'ordre chronologique des investissements, il est certain que d'objet partiel en objet partiel, le corps tout entier, celui d'autrui comme le sien propre, finira par devenir l'enjeu des dispositions psychiques. Ce qu'il importe de remarquer, c'est qu'il y a maintenant un enjeu, alors qu'il n'y en avait pas dans les deux phases ou dans les deux modalités précédentes. En celles-ci, la disposition opérait dans un espace strictement *narcissique* ou mental. Maintenant elle opère dans un espace *corporel*, d'abord réduit à une zone privilégiée, puis à une autre, étendu enfin à leur totalité.

Quant à l'espace *matériel*, il va se constituer lorsque

l'individu, se dégageant des nécessités et des contraintes biologiques, s'attachera à des objets qu'il pourra manipuler à sa guise, au rythme de ses désirs et de ses rejets et auxquels il pourra progressivement donner une significa-tion qui les rendra aptes à représenter des personnages et des situations pour la *mise en jeu*, cette fois, des disposi-tions psychiques, dans leur multiplicité et leur variabilité.

Peut-être pensera-t-on que le passage des dispositions psychiques de l'espace étroitement corporel dans l'espace largement matériel contribue à les éloigner de l'individu? Il me semble qu'il n'en est rien, bien au contraire. Pour se détromper, qu'on songe seulement à l'état permanent d'aliénation dans lequel nous demeurerions si nos disposi-tions ne pouvaient s'exprimer que dans ce que nous avons appelé la relation du corps à corps. Aucune vie sociale ne serait sans doute possible. Dans ce cas, on ne pourrait sans doute même pas parler de vie psychologique ou d'exis-tence subjective. Ne faut-il pas estimer que c'est avec l'attachement à des objets matériels et par leur utilisation à des fins d'expression, que les individus accèdent à la dis-tinction entre l'objectivité et la subjectivité? N'est-ce pas au niveau du jeu expressif au moyen d'objets matériels signifiants que s'effectue pour la première fois le départ entre ce qui est signe et ce qui est signifié, entre la matéria-lité de l'objet et sa signification, entre le support objectif du signe et l'au-delà subjectif auquel il renvoie, à savoir les dispositions psychiques. Si nous avons cru utile de consa-crer un chapitre entier à l'objet transitionnel et aux objets ludiques qui en procèdent, c'est parce que, à notre sens, ils inaugurent l'opposition entre le monde objectif, rempli de choses, et le monde subjectif, fait de dispositions. C'est en se jouant dans les choses, transformées en symboles et en personnages, que les dispositions psychiques se matériali-sent mais du même coup se révèlent comme un au-delà du monde des choses, comme un au-delà qui peut glisser le long des objets, animant tantôt ceux-ci, tantôt ceux-là, tantôt tel corps, tantôt tel autre. Elles se mettent à exister comme quelque chose d'autonome, comme une chose intérieure à l'objet, mais différente de lui, comme quelque chose de sous-jacent, de *subjectum*, de subjectif.

En donnant à la pensée un pouvoir discursif et transférentiel, le langage contribue à l'identification des dispositions psychiques. Dans le jeu, celles-ci se représentaient; par le langage, elles se constituent en entités distinctes, ayant chacune un nom qui permet de les reconnaître à travers des situations diverses et chez des sujets différents. Tel est le rôle positif qu'une théorie de la prise de conscience doit attribuer au langage. Mais celui-ci est comme la langue d'Esope. Il peut être la meilleure et la pire des choses. C'est dans la mesure où il sert à identifier qu'il peut aussi servir à camoufler. Quand le principe de la carte d'identité est introduit dans une société, on crée du même coup la possibilité des fausses cartes d'identité. Un individu qui déteste quelqu'un peut lui répéter qu'il l'aime. Outil d'identification, le langage est en même temps instrument de dissimulation. Même dans une certaine mesure, *tout* énoncé expressif a à la fois quelque chose de vrai et de faux. Les mots étant toujours abstraits et se rapportant à ce qu'ont de vaguement commun des expériences diverses tant par les personnes en jeu que par la nuance des sentiments qui y sont éprouvés, la parole qui communique des dispositions ne réussit à transmettre que l'apparence commune qu'elles ont dans une société parlant cette langue.

En se coulant dans les mots et les énoncés, les dispositions psychiques se voient attribuer un trajet, avec un point de départ et un point d'arrivée. Quand je dis « X aime Y », mon énoncé renvoie à un espace intérieur, dans lequel on peut relever une orientation positive, favorable, ayant son point d'origine en X et son point d'arrivée ou d'aboutissement en Y. Faisons provisoirement abstraction des erreurs qu'on peut commettre dans la localisation ou la définition de ces trajets. Pour l'instant, contentons-nous de voir le progrès que le langage et la pensée discursive représentent pour une théorie de la prise de conscience. La disposition psychique ne se trouve plus être le fait d'une force cosmique qui vous tombe dessus, ni le fil d'une histoire purement fictive, elle ne coïncide plus seulement avec les objets qu'elle a pris pour enjeux; elle n'est plus seulement le fait des personnages d'un jeu expressif; elle est attribuée à des personnes réelles; elle devient le trajet intérieur d'une personne vers une autre personne.

Toujours en nous maintenant sur le plan strictement logique, il nous est facile maintenant d'expliquer que le processus de la prise de conscience, loin d'être une mise à distance, est un travail d'*intériorisation* ou de *réintégration*. De l'état de malaise à la pure extériorité hallucinatoire et onirique, de cet espace sans limites à la réalité, à la fois superficielle et profonde, du corps, du corps à la surface matérielle des choses, des choses aux personnages, des personnages aux personnes, des individus à leur espace intérieur ou psychique, des autres à soi-même, tels sont les repères que nous pouvons distinguer sur la ligne de développement d'une disposition psychique en train de devenir consciente.

*  *
*

Voilà pour une synthèse logique! Elle est peut-être séduisante, mais elle ne doit pas nous leurrer. A son propos, nous devons nous poser un certain nombre de questions difficiles auxquelles seule l'expérience pourra répondre.

Une première question : cet ordre logique est-il le reflet d'un ordre chronologique dans le développement d'un individu, ou dans celui d'une disposition psychique? Il faut

bien reconnaître que la synthèse que je viens de présenter
a un petit air hégélien qui l'apparente, soit dit sans prétention, à la *phénoménologie de la conscience*, et qui peut la
rendre suspecte. Se rapprochant aussi de ce type de théorie que j'ai critiqué dans le premier chapitre, elle peut
devenir une grille-écran. Pour nous prémunir contre le
mauvais usage que nous pourrions être tentés d'en faire,
apportons-y quelques tempéraments. D'abord il ne faudrait
pas méconnaître la possibilité que chez un individu donné
et dans le même temps, telle disposition se manifeste selon
l'une des modalités que nous avons repérées, telle autre
selon une autre d'entre elles. Par exemple, une disposition
qui subit un refoulement important pourra se manifester
selon une modalité archaïque alors que les autres dispositions ou la même portant sur d'autres personnes pourront
être intériorisées ou réintégrées de la manière la plus positive et la plus objective. D'autre part, à supposer même
que notre ordre logique représente quelque chose d'un
développement ontogénétique, il faut se rappeler qu'aucun
stade n'est jamais définitivement dépassé ou supprimé et
qu'une bonne santé psychique se ménage des régressions
périodiques. Enfin, il paraît certain que le pouvoir qu'a une
disposition psychique de se manifester selon une modalité
plus ou moins aliénée dépend non seulement de facteurs
dynamiques mais aussi de la maturation des grandes fonctions de la vie de relation : imagination, perception, manipulation, fonction symbolique.

Une seconde question nous ouvre à un nombre encore
plus grand de difficultés. Elle porte sur le passage de chaque modalité à la modalité suivante. Ainsi, on peut se
demander quelles sont les conditions qui transforment
l'hallucination brute en rêve organisé, ou celles qui font
passer une disposition psychique de son espace mental
narcissique à un espace plus réel, plus corporel et plus
matériel, ou encore celles qui mènent de l'expression ludi-

que à l'analyse de soi. Chacune de ces transitions reste encore mystérieuse. L'analyse des rêves, telle que l'a instaurée la psychanalyse, est probablement une stratégie qui s'adapte aux conditions de passage de l'espace narcissique à l'espace réel. Mais d'autres passages ont probablement d'autres conditions, qui attendent d'être connues et que nous ne connaîtrons qu'à force d'essais et d'erreurs ou d'expériences cliniques. Mais en dépit de toutes nos ignorances, il semble qu'une théorie de la prise de conscience du genre de celle que nous avons tentée peut nous aider à imaginer des stratégies différentes selon la nature de la transition que nous voulons opérer. Peut-être n'avons-nous pas encore réussi à améliorer d'un point de vue psychique des individus chez qui certaines dispositions psychiques ne peuvent se manifester que sous la forme la plus aliénée de l'hallucination, parce que nos ambitions sont trop grandes et que nous cherchons trop impatiemment à instaurer une prise de conscience du genre le plus élevé, sans passer par une organisation intermédiaire, par exemple celle de délire, lequel est dans la vie éveillée ce que le rêve est dans le sommeil? L'efficacité d'une stratégie ne dépend-elle pas d'abord de la précision avec laquelle nous pouvons définir le point de départ donné et le point d'arrivée que nous pouvons nous fixer provisoirement, sans dépasser la mesure du réalisable.

Une troisième question que nous ne pouvons passer sous silence est celle de la valeur thérapeutique de la prise de conscience. Jusqu'à ces derniers temps, avant l'introduction des méthodes inspirées du behaviorisme, toutes les psychothérapies se fondaient sur la conviction que le passage d'un contenu psychique de l'inconscient au conscient avait un effet curatif.

Classiquement, on explique la valeur thérapeutique de la prise de conscience par des considérations dynamiques et économiques (au sens freudien de ces termes). Le refoulement exigerait une énergie importante pour maintenir une représentation insupportable dans la zone inconsciente du psychisme. Quand on peut amener cette représentation dans la zone des associations conscientes, elle perdrait son caractère insupportable, le refoulement ne serait plus nécessaire. Le sujet serait soulagé d'une tension. Une lutte intérieure disparaîtrait.

A cette explication que je viens de résumer sommairement, je ferais un reproche : elle se base sur une conception trop solipsiste du psychisme, comme si celui-ci était un système fermé à l'intérieur duquel il suffirait de trouver de nouveaux équilibres énergétiques.

Si nous partons de la disposition psychique comme telle pour construire une théorie de la prise de conscience, nous pouvons et devons abandonner ce solipsisme. Dès le lever d'une disposition psychique, autrui est présent. C'est au contact avec une autre personne que naît en nous un élan d'amour, de haine, de jalousie ou d'envie. A supposer maintenant que cet élan ne se réalise pas dans une action instantanée et qu'il ne donne naissance qu'à des malaises, des hallucinations ou des rêves ou qu'il ne contribue qu'à nous attacher à des objets médiateurs ou qu'à nous induire à des mises en scène, il sera un obstacle, une espèce de point de mort, dans nos relations avec autrui, en particulier avec les personnes qui ont coutume d'éveiller en nous les dispositions psychiques les plus fortes. Ce ne sera qu'au moment où la disposition psychique sera intégrée dans notre espace intérieur, avec son tracé exact, que nous saurons quand nous y sommes *sujets* et quels sont les *objets* sur lesquels elle porte.

Si la prise de conscience est l'intégration dans notre espace intérieur d'une disposition psychique à l'égard de X, elle est en même temps l'intégration par nous dans l'espace intérieur de X d'une disposition psychique, inverse ou complémentaire, de celui-ci à notre égard.

\*
\*  \*

Les philosophes diront que la prise de conscience inaugure l'intersubjectivité, les psychanalystes qu'elle marque le dépassement du complexe d'Œdipe. En des termes différents, les uns et les autres expriment le fait qu'une prise de conscience améliore la qualité des relations humaines en y introduisant un sentiment d'égalité ou de réciprocité. Tant que nos dispositions psychiques se manifestent à nous sous une forme aliénée, comme venant on ne sait d'où et on ne sait pourquoi, elles nous accaparent, elles nous conduisent, elles nous aliènent, elles utilisent à leur propres fins le hasard de nos rencontres. En les localisant dans notre espace intérieur, la prise de conscience opère un renversement : elles se mettent au service de nos rencontres, nous pouvons les utiliser à nos propres fins, dans les différentes conjonctures de notre vie avec les autres, selon le hasard des apparitions et des disparitions de ceux-ci. Elles servent à donner vie et rythme à nos relations, celles-ci se déroulant par ailleurs dans le sentiment d'un destin identique ou analogue, de nous aux autres, des autres à nous.

De nombreuses années de travail clinique ont progressivement renforcé en moi la conviction que les remaniements intérieurs qu'opère la prise de conscience ont un effet curatif moins en raison d'une redistribution de l'énergie neuronique, qui serait libérée d'un certain nombre de tâches défensives intra-psychiques, qu'en raison d'une *facilitation* des relations de l'individu avec les autres.

Nous ne disons pas que la prise de conscience, même comme nous la concevons, même en tant que dernière étape d'un long processus de transformation et de réintégration de nos dispositions psychiques, soit en mesure de résoudre toutes les difficultés de nos relations avec les autres. Ce serait tomber dans un psychologisme naïf, aveugle aux aspects conflictuels de la réalité sociale. Ce que nous croyons, c'est qu'en favorisant le sentiment d'analogie, de nous aux autres, des autres à nous, la prise de conscience facilite la résolution des conflits en dégageant celle-ci d'une relation narcissique de soi à soi, en en faisant une affaire qui intéresse des individus semblables, nourrissant de mêmes illusions et connaissant les mêmes difficultés à s'en délivrer.

Par ailleurs, les rapports que nous pressentons entre la prise de conscience et l'expérience de l'analogie, de soi aux autres et des autres à soi, sont d'une telle complexité que nous n'avons pas la prétention de les avoir bien compris, encore moins de les avoir bien expliqués. Il semble qu'ils ne pourront nous apparaître clairement qu'au moyen d'une *bonne théorie de la communication humaine*. Dans une formulation provisoire et très schématique, on peut sans doute déjà dire qu'aussi longtemps qu'un sujet se trouve aliéné par des dispositions psychiques qui se jouent de lui sous la forme de multiples illusions, sa relation aux autres ne peut pas être directe, en raison de l'interférence plus ou moins massive de ces illusions. Les deux pôles de la relation se trouvent pris dans le jeu de l'illusion, dans les reflets changeants et instables des dispositions réciproques, celles-ci ne pouvant être communiquées elles-mêmes, faute d'avoir été intériorisées ou réintégrées.

\*
\*   \*

Revenons un instant à cette mère qui venait consulter son pédiatre pour les difficultés qu'elle éprouvait à nourrir son jeune enfant, plus prompt à pleurer qu'à manger (chapitre II).

Rappelons-nous qu'en demandant à la mère ce qu'elle éprouverait si on interrompait continuellement son sommeil en vue de lui imposer un repas pour lequel elle n'aurait pas faim, le médecin cherchait à lui faire prendre conscience des inconvénients que pouvaient avoir pour l'enfant des réveils intempestifs, commandés par un horaire alimentaire trop rigide. Nous avons vu aussi que dans la meilleure hypothèse, suite à ce discours de type psychothérapeutique, la mère en arriverait à se dire qu'il y avait peut-être analogie de malaise, chez elle et chez son enfant, quand se produit dans un organisme, le sien ou celui de son enfant, une interruption brusque et inutile du sommeil. Nous disions que l'aperception de cette identité ne pouvait se faire qu'à la faveur d'un va-et-vient, dans l'attention ou dans les processus mentaux de la mère, entre l'enfant et elle-même. Nous pouvons dire maintenant que cette oscillation supposait, chez cette mère, la constitution d'un espace intérieur propre, la séparation de celui-ci d'avec l'espace intérieur en train de se constituer chez l'enfant, et enfin le principe d'une ressemblance possible entre l'un et l'autre de ces deux espaces distincts.

Certes, dans cet exemple, il n'est question que de malaise physique. Mais la nécessité de la constitution de ces espaces intérieurs distincts et analogues s'impose *a fortiori* quand il s'agit de dispositions physiques dont le caractère initialement invisible et non localisé permet toutes les projections et tous les déplacements. Il paraît assez vraisemblable que c'est seulement à partir du moment où nous pouvons intégrer nos dispositions psychiques dans notre espace intérieur, qu'il nous devient possible aussi d'imaginer l'espace intérieur des autres.

*
*   *

La prise de conscience n'est-elle pas, en définitive, une fonction essentielle à l'établissement et au maintien des échanges avec les autres et soi-même? Comme toutes les autres fonctions adaptatives, n'est-elle pas sujette à des troubles, soit par hyperfonctionnement, soit par hypofonctionnement? Les symptômes psychopathologiques auxquels on a appliqué jusqu'ici, avec quelque succès, les méthodes classiques de la psychothérapie ne sont-ils pas précisément des troubles du processus de la prise de conscience? S'il en était ainsi, on devrait dire que ces méthodes, au lieu d'utiliser la prise de conscience comme un outil thérapeutique pour une fin extérieure à elle, sont des stratégies destinées à l'améliorer ou à la rétablir, en tant que fonction de la vie de relation.

# TABLE DES MATIÈRES

TABLE    189

François Duyckaerts

## LA FORMATION DU LIEN SEXUEL

« L'auteur part délibérément de l'adulte, l'homme et la femme, arrivés à la maturité biologique et se propose de décrire les étapes par lesquelles, à partir du premier émoi sexuel, ils se rapprochent pour aboutir à une consommation de l'acte qui soit complète, c'est-à-dire à une possession réciproque. Il le fait dans une perspective qui ennoblit et par une synthèse de données purement psychologiques. Cette synthèse est particulièrement riche et agrémentée d'aperçus originaux. »

*L'Année Psychologique*

« Il y a dans ce livre plus et autre chose qu'un nouvel exposé du freudisme ou du devenir sexuel des individus : un effort pour situer la sexualité, pour la comprendre dans ses dimensions corporelles, affectives, historiques et aussi imaginaires. »

*Combat*

« Voici un livre comme on n'en trouve pas beaucoup : écrit en un style limpide, usant d'exemples bien choisis, il rendra les plus grands services à ceux que préoccupent ces questions essentielles mais que pourraient rebuter les expressions trop techniques. Un souffle semble traverser cet ouvrage et lui confère une note d'humanité qui fait trop souvent défaut dans les travaux similaires. »

*Archives de Philosophie*

Huitième édition